DESENVOLVIMENTO DA CIVILIZAÇÃO MATERIAL NO BRASIL

Afonso Arinos de Melo Franco

DESENVOLVIMENTO DA CIVILIZAÇÃO MATERIAL NO BRASIL

3ª edição

PREFÁCIOS DE
José Murilo de Carvalho
Arthur Cezar Ferreira Reis
Rodrigo M. F. de Andrade

Copyright © 2005 Espólio de Afonso Arinos de Melo Franco
1ª edição: 1944; 2ª edição: 1971

Direitos de edição da obra em língua portuguesa no Brasil adquiridos pela TOPBOOKS EDITORA. Todos os direitos reservados. Nenhuma parte desta obra pode ser apropriada e estocada em sistema de banco de dados ou processo similar, em qualquer forma ou meio, seja eletrônico, de fotocópia, gravação etc., sem a permissão do detentor do copyright.

Editor
José Mario Pereira

Editora assistente
Christine Ajuz

Revisão
Clara Diament

Capa
Adriana Moreno

Diagramação
Arte das Letras

TODOS OS DIREITOS RESERVADOS POR
Topbooks Editora e Distribuidora de Livros Ltda.
Rua Visconde de Inhaúma, 58 / gr. 203 – Centro
Rio de Janeiro – CEP: 20091-000
Telefax: (21) 2233-8718 e 2283-1039
E-mail: topbooks@topbooks.com.br

Visite o site da editora para mais informações
www.topbooks.com.br

Sumário

Prefácio à 3ª edição – José Murilo de Carvalho 9
Prefácio à 2ª edição – Arthur Cezar Ferreira Reis 17
Prefácio à 1ª edição – Rodrigo M. F. de Andrade 19
Nota do autor à 2ª edição..21

Fatores primitivos – O português, o negro, o índio...................23
Século XVI 39
Século XVII...63
Século XVIII 87
Século XIX 121

Bibliografia 151
Índice onomástico..163

Prefácio à 3ª edição

José Murilo de Carvalho

A Topbooks lança a terceira edição de *Desenvolvimento da civilização material no Brasil*, de autoria de Afonso Arinos de Melo Franco. A primeira edição saiu em 1944 como parte da coleção de monografias editada pelo Serviço do Patrimônio Histórico e Artístico Nacional. A segunda foi feita em 1971, sob a responsabilidade do Conselho Federal de Cultura, então sob a presidência de Arthur César Ferreira Reis, e de que o autor era também membro. O texto desta terceira edição segue o da segunda, que também manteve o da primeira, salvas algumas poucas notas de pé de página acrescentadas pelo autor.

Em nota preliminar à primeira edição, Rodrigo Melo Franco de Andrade, criador e diretor do SPHAN, e primo do autor, esclarece que o texto se originou de cinco palestras pronunciadas em 1938, a seu pedido, por Afonso Arinos. A nota é interessante por sinalizar a visão do diretor do SPHAN. Ele se preocupava com o treinamento do pessoal técnico do órgão recém-criado. A idéia de valorização do patrimônio material do país já começara a circular entre as elites cultas desde a década de 1920, mas não fora ainda objeto de ação governamental. Eram poucas as pessoas preparadas para a tarefa, e a iniciativa de formar técnicos era sem dúvida aconselhável e muito apropriada.

Registre-se também o tipo de formação que Rodrigo queria oferecer a seus técnicos. Ele observa que a historiografia brasileira se tinha até então concentrado nos aspectos políticos e sociais da realidade. Podia ter acrescentado que se concentrara ainda nas dimensões culturais e ideológicas. Eram poucos os estudos do que chamou de "ocorrências de ordem material", e que poderíamos traduzir, *grosso modo,* por história econômica. De fato, escasseavam estudos abrangentes de história econômica. *A História Econômica do Brasil*, de Caio Prado Júnior, que se transformaria posteriormente em um clássico, só seria publicada em 1945; *Evolução Econômica do Brasil,* de F. F. Normano, saiu em 1939, assim como *A Evolução Industrial do Brasil,* de Roberto Simonsen. A monumental *História do Café no Brasil,* de Afonso E. Taunay, começou a ser publicada também em 1939 e pode ainda ser incluída na bibliografia. O único estudo importante publicado logo antes das conferências era a *História Econômica do Brasil*, de Roberto Simonsen, que saiu em 1937. É possível que Afonso Arinos não tivesse tido ainda conhecimento desse livro, pois não o colocou em sua bibliografia. Mas incluiu um folheto, de que não fornece a data, escrito por Roberto Simonsen, intitulado "A evolução industrial do Brasil", talvez uma versão resumida do livro do mesmo título.

Rodrigo queria que seus técnicos tomassem conhecimento do desenvolvimento material do país. Por trás dessa preocupação estava o conceito de patrimônio que presidiu à criação do SPHAN, que ficou conhecido como a política da "pedra e cal". Patrimônio histórico e artístico era tudo que tinha a ver com construções materiais, fortalezas, cidades, ruas, igrejas, casas, arquitetura e urbanismo em geral. Não se desenvolvera ainda a idéia de patrimônio imaterial. Foi certamente a preocupação com a história do desenvolvimento desse patrimônio material que Rodrigo transmitiu a Afonso Arinos como orientação para o planejamento das conferências.

Em 1938, Afonso Arinos não era autor desconhecido. Participara intensamente da efervescência intelectual dos anos 30. Essa década foi uma das mais fecundas da história brasileira em matéria de produção intelectual. A criatividade de nossos pensadores não se esgotou nem mesmo após a implantação do Estado Novo. O regime ditatorial de Vargas era peculiar no que se refere ao campo intelectual e artístico. Colocara na chefia do Ministério da Educação e Saúde um intelectual, Gustavo Capanema, que, por sua vez, nomeara seu chefe de gabinete o poeta Carlos Drummond de Andrade. Na chefia do próprio SPHAN estava Rodrigo Melo Franco, primo de Virgílio Melo Franco, inimigo político do ditador. Embora o movimento que levou Vargas ao poder não possa ser definido sociologicamente como revolução, ele provocou, sem dúvida, um pentecostes cívico. Como que iluminados pelo espírito público, muitos brasileiros começaram pensar o Brasil e a escrever o que pensavam. A renovação cultural começara, é fato, na década de 1920, mas então se concentrara do campo da literatura. Agora, mesmo os literatos, como Plínio Salgado e Cassiano Ricardo, enveredaram pelo ensaio e mesmo pela militância política.

Nos anos 30 produziram-se alguns dos clássicos de nossa ensaística social e política, para não falar nos clássicos literários. Já em 1931, Gilberto Amado publicou *Eleição e Representação*; no ano seguinte, foi a vez de Caio Prado Júnior, com *Evolução Política do Brasil*; em 1933, Gilberto Freyre iniciou sua trilogia sobre a família patriarcal com *Casa-Grande & Senzala*. Sérgio Buarque de Holanda apareceu com *Raízes do Brasil* em 1936, Gilberto Freyre voltou à carga nesse mesmo ano com *Sobrados & Mucambos*. A efervescência não se limitou a esses trabalhos, hoje tidos como clássicos e incluídos em todas as listas de livros interpretadores do Brasil. Muitos outros ensaios importantes marcaram o período. Salientam-se os daqueles autores que Guerreiro Ramos chamou de "sociólogos anônimos", afirmando que faziam melhor sociologia do que os sociólogos ou antropólogos profissionais. Eram sociólogos anônimos, segundo Guerreiro Ramos, Martins de Almeida com seu *O Brasil Errado*, de 1932, Virgínio Santa Rosa, com *O Sentido do Tenentismo*, de

1933, e Azevedo Amaral, com vários livros, destacando-se entre eles *A Aventura Política do Brasil*, de 1935.

Para completar o quadro de pensadores da época, Guerreiro menciona ainda, ao lado de Afonso Arinos, autores fecundos como Alceu Amoroso Lima e Octavio de Faria. A esse grupo ele classifica, algo maldosamente, de *jeunesse dorée*, jovens de famílias tradicionais, beneficiados com uma educação refinada. Esse grupo tenderia a ter visão esteticista e psicologizante da vida e a dar ênfase, ao propor reformas para o país, aos aspectos morais.

Independentemente da orientação ideológica dos autores, os ensaios produzidos na década de 1930 eram de natureza predominantemente política e social. Dessa marca não escaparam os livros de Afonso Arinos. Profundamente vocacionado para o estudo, já publicara vários livros quando foi convidado por Rodrigo para proferir as conferências. Em 1933, aos 28 anos, publicara *Introdução à Realidade Brasileira*, pela Editora Schmidt. No ano seguinte, comparecera com *Preparação ao Nacionalismo*, agora pela Civilização Brasileira, livro profundamente influenciado por idéias raciais, embora não racistas. Em 1936, dera à publicidade *Conceito de Civilização Brasileira*, pela Companhia Editora Nacional. Em 1937 (quase um livro por ano!), publicara pela José Olympio *O Índio Brasileiro e a Revolução Francesa*, um dos mais criativos ensaios de história das idéias já produzido no Brasil. Eram todos ensaios filosóficos, políticos e culturais. Alguns deles talvez apresentassem algumas das características apontadas por Guerreiro Ramos. O próprio Afonso Arinos em depoimento prestado ao Cpdoc em 1983 admitiu que seus três primeiros livros tinham tendências direitistas.

Mas Guerreiro Ramos, sintomaticamente, não cita *Desenvolvimento da Civilização Material no Brasil*, talvez por não ter dele conhecimento. Esse livro seguramente não se enquadrava na visão *dorée* do mundo, como ele a definiu. Era um livro destoante da produção dominante da década de 1930 e da própria obra de Afonso Arinos produzida até então e a produzir no futuro. O leitor de hoje poderia perguntar pelas razões que teriam levado um autor formado em direito, filho de político e diplomata, professor de Civilização Brasileira na Universidade do Distrito Federal, vivendo em ambiente intelectual dominado pelo pensamento político, a escrever tal livro. Uma pista para a resposta pode ser buscada em uma publicação pouco conhecida. Em 1938, Afonso Arinos oferecera em Montevidéu um curso de introdução à história econômica do Brasil. À capital uruguaia fora mandado, em companhia de San Tiago Dantas, pelo ministro da Educação, Gustavo Capanema, outro mineiro a entrar nessa história. O curso resultou em publicação muito limitada feita pelo Serviço Gráfico do Ministério da Educação e Saúde, em 1938, com o título de *Síntese da História Econômica do Brasil*. Curiosamente, os dois cursos, o de Montevidéu e o do SPHAN, foram dados no mesmo ano. O tema é próximo do de *Desenvolvimento da Civilização Material no Brasil*. Mas a pergunta continua no ar: por que o interesse, também nesse último caso, pela civilização material por parte de um homem voltado para a cultura e a política?

Leitura mais atenta das obras anteriores talvez dê, afinal, a resposta. Há, na verdade, ligação entre elas e as conferências de Montevidéu e do SPHAN. Mais precisamente, há vinculação entre *Conceito de Civilização Brasileira* e as palestras. Esse livro, que mais tarde o autor desqualificaria como "medíocre literatura", contém idéias desenvolvidas para o curso sobre civilização brasileira oferecido na Universidade do Distrito Federal, de que Afonso Arinos era professor por convite de Afonso Pena Jr. Nele, o autor utiliza conceitos específicos de cultura e civilização inspirados em suas leituras alemãs, de Oswald Spengler, Leo Frobenius e A. L. Kroeber. Assim como, no dizer de Antonio Candido, *Raízes do Brasil* é o "livro alemão" de Sérgio Buarque de Holanda, poder-se-ia afirmar que *Conceito de Civilização Brasileira* é o "livro alemão" de Afonso Arinos.

Não cabe aqui discutir a adequação da apropriação que ele faz de seus autores alemães. Basta dizer que, para ele, cultura teria a ver com valores, consciência coletiva, ciência, religião, artes. Seria o domínio subjetivo do mundo. Civilização, por outro lado, seria um produto da cultura, suas manifestações aparentes, materializadas em objetos práticos. Civilização seria o domínio objetivo do mundo pela técnica. Em suas próprias palavras, inspiradas em Spengler, "[...] a civilização é a cultura realizada pela técnica". Nesse sentido, a expressão 'civilização material', contida no título das palestras, é uma redundância, uma vez que toda civilização seria, por definição, material. O autor deve ter recorrido ao pleonasmo por estar ciente de que usava um conceito particular de civilização, estranho ao vocabulário comum. Aplicando a distinção ao Brasil, Afonso Arinos distingue entre nós várias culturas, a européia, a indígena e a africana, mas uma só civilização, a portuguesa.

A noção de civilização como controle da natureza pela técnica forneceu a base conceitual tanto para as três conferências de Montevidéu como para as do SPHAN. Nas primeiras, resumidas em *Síntese da História Econômica do Brasil*, Afonso Arinos utiliza o já conhecido esquema dos ciclos econômicos que vão do pau-brasil à industrialização. Concentra-se apenas nesse aspecto da civilização. Nas palestras do SPHAN, amplia o leque de manifestações da civilização, atendendo às necessidades do treinamento dos técnicos do órgão. No capítulo, ou conferência, inicial, ainda há fortes ressonâncias de *Conceito de Civilização Brasileira* e mesmo de *Preparação ao Nacionalismo*. Elas estão presentes, sobretudo, na parte referente às influências culturais das raças que formaram o país, portugueses, índios, negros e judeus. Aparecem aí reflexos de leituras de Nina Rodrigues, Artur Ramos e Gilberto Freyre. O capítulo termina com conclusão já exposta em *Conceito*: "O desenvolvimento da nossa civilização material é de base portuguesa, entendida no seu complexo luso-afro-asiático". Os quatro capítulos seguintes descrevem o desenvolvimento de nossa civilização material do século XVI ao XIX. Mais precisamente, da chegada dos conquistadores portugueses à fundação, em 1897, da Cidade de Minas, depois Belo Horizonte, fato que Afonso Arinos classifica com indisfarçada satisfação, não fosse ele mineiro, como o último episódio marcante da civilização brasileira no século XIX.

Fazendo uso da historiografia disponível na época, de algumas fontes primárias já publicadas, e recorrendo amplamente aos registros de viajantes estrangeiros, Afonso Arinos oferece uma visão sintética e muito útil da lenta formação de nossa civilização material (uso também a redundância pela mesma razão que suponho tenha levado o autor a fazê-lo). Passo a passo, somos conduzidos em uma viagem que cobre todas as partes da colônia portuguesa e que nos mostra o lento povoamento do país, o surgimento das feitorias, engenhos, vilas e cidades, o abrir dos caminhos, o desenvolvimento das técnicas de produção, de transporte e de construção. De particular interesse para os técnicos do SPHAN teriam sido suas observações sobre a passagem, na construção das casas, do uso do pau-a-pique e da taipa com cobertura de palma para o da pedra e cal com cobertura de telha.

Sua descrição do avanço do povoamento e da rede de estradas retoma os estudos pioneiros de Capistrano de Abreu, devidamente citados. O exame das técnicas de construção, da arquitetura das casas, das mobílias, dos objetos de uso, recupera o melhor da história social na época, representado por *Vida e Morte do Bandeirante,* de Alcântara Machado, publicado em 1929, e por *Casa-grande & Senzala,* de Gilberto Freyre. Na caracterização das atividades econômicas, mostra-se atualizado ao fazer amplo uso da vasta obra de Afonso de E. Taunay, sobretudo de sua monumental história do café.

Obra destoante, pela temática, do conjunto da produção de Afonso Arinos, alheia também às preocupações intelectuais dominantes na década de 1930, *Desenvolvimento da Civilização*

Material no Brasil não revela novas fontes. Nem era essa a intenção do autor, que não se via como historiador, mas como intérprete do Brasil. O livro aproveita com eficiência as fontes e a historiografia então disponíveis e as organiza de maneira sintética, inteligente e inovadora. Pode constituir grata surpresa para o leitor de hoje que porventura ainda não o conheça. O tom coloquial proveniente da origem do texto — as conferências do SPHAN — é incentivo adicional à leitura. Visto da perspectiva de hoje, é mesmo possível que *Desenvolvimento da Civilização Material no Brasil* cresça acima dos outros livros do autor produzidos nos fecundos anos 30.

Prefácio à 2ª edição

Arthur Cezar Ferreira Reis

Este livro dispensa qualquer apresentação. É lançado, agora, em segunda edição, sem acréscimos, sem alterações que lhe modifiquem o texto ou possam conduzir o leitor a novos aspectos do que entendemos por civilização material do Brasil.

Escrito por Afonso Arinos, o moço, membro deste Conselho, que promove a nova edição, tem a assegurar-lhe a serenidade e excelência o nome de seu autor, uma das mais lúcidas expressões da inteligência brasileira, memorialista insigne, historiador das raízes no Brasil, exegeta da vida política nacional, homem de intensa atuação no processo criador do Brasil-moderno, atuação sempre renovadora e sempre marcada por um sentido de dignidade que, em nenhum momento, perdeu ou modificou.

Em *Civilização Material do Brasil*, há a evolução de nossa pátria no que importou em mudança continuada como transformação material, o que vale dizer, transformação em que os homens se afirmaram criando, no uso do instrumental apropriado, os monumentos de pedra, os centros urbanos, os caminhos, a habitação, provando sua decisão, aceitando o desafio do meio físico, quebrando-lhe a monotonia, dando nova feição à paisagem natural, impondo a sua vontade e o seu espírito na elaboração de uma sociedade, de uma economia e, fundamentalmente, uma cultura que se institucionalizaria por efeito de todo aquele esforço de tanta expressividade.

Contribuição da maior valia, estes capítulos não podiam deixar de voltar à leitura dos brasileiros. A reedição, que o Conselho Federal de Cultura promove, é uma reedição que se integra, magnificamente, em sua série de publicações.

Prefácio à 1ª edição

Rodrigo M. F. de Andrade

O presente volume contém cinco conferências realizadas pelo Sr. Afonso Arinos de Melo Franco na sede do Serviço do Patrimônio Histórico e Artístico Nacional, durante os meses de outubro e novembro de 1941. Elas constituíram um pequeno curso destinado privativamente ao pessoal técnico da repartição, que tinha sentido necessidade, para a orientação dos estudos e trabalhos a seu cargo, de um conhecimento maior do aspecto material do processo histórico do desenvolvimento da civilização em nosso país.

Por motivo da precedência conferida pelos historiadores aos fenômenos políticos e sociais, ficou, sem dúvida, prejudicado o esclarecimento das ocorrências de ordem material na formação e no desenvolvimento do Brasil. Daí a iniciativa do curso, atendendo-se a que as referidas ocorrências e o seu encadeamento constituem dados capitais para a elaboração da história da arte em nosso país.

É manifesto que, para o modesto objetivo visado e para a oportunidade em apreço, não incumbia ao Sr. Afonso Arinos de Melo Franco tomar iniciativas importantes em busca de fontes ainda não compulsadas para a preparação do curso desejado. Cumpria-lhe apenas reconsiderar as fontes já utilizadas pelos nossos historiadores, à procura dos elementos que deveriam ser objeto de suas conferências.

Todavia, pela circunstância destas terem sido elaboradas visando a um aspecto sob o qual o desenvolvimento histórico do Brasil poucas vezes foi investigado, julgou-se que o trabalho não deveria permanecer inédito no arquivo desta repartição e sim ser incluído na coleção de monografias editadas por sua iniciativa, sob o título geral de Publicações do Serviço do Patrimônio Histórico e Artístico Nacional.

Nota do Autor à 2ª edição

A presente edição deste livro, que agradeço à honrosa iniciativa do Conselho Federal de Cultura, sob a presidência de Arthur Cezar Ferreira Reis, sai sem alteração de texto a não ser as poucas notas datadas do corrente ano. O autor oferece esta edição à memória de Rodrigo M. F. de Andrade, primeiro diretor do Serviço do Patrimônio Histórico e Artístico Nacional, a cuja iniciativa se deve este curso.

FATORES PRIMITIVOS
O PORTUGUÊS, O NEGRO, O ÍNDIO

Ao findar o século XV, na época do descobrimento do Brasil, Portugal estava completando o ciclo de uma grande transformação interna: de agricultor, principalmente, o seu povo passava a ser sobretudo navegador.

Não era, assim, uma cultura cristalizada e tranqüila que se projetava no mundo, carregando no movimento expansionista valores tradicionais. Tratava-se, antes, do desabrochamento de uma poderosa revolução interna, que, dadas as circunstâncias especiais do meio em que se verificou, assumiu uma espécie de caráter internacional. Portugal não chegou à sua posição de senhor de conquistas num momento em que a sua estrutura social atravessasse era de sólida estabilidade. Ao contrário, o pequeno Reino vivera, na última centúria, uma fase intensa de transformações e experiências. Daí a maravilhosa facilidade que teve em se adaptar aos ambientes coloniais, asiáticos e americanos.

Impor formas tradicionais de vida não podia ser o seu programa, pois que essas formas se alteravam desde algum tempo, dentro das próprias fronteiras nacionais. Graças a isto ficou-lhe aberta a larga estrada da absorção dos elementos culturais dos povos menos evoluídos com que tratava, faculdade que lhe simplificou e engrandeceu singularmente a tarefa colonizadora. Povo já amestiçado no século XV, tendo no sangue europeu, de que tão pouco se orgulhava, boa percentagem de sangue africano e judeu, cultura instável, localização geográfica privilegiada — o português estava precipuamente destinado a fundir, no Brasil, as forças de três civilizações tão distintas: a européia, a africana e a indígena.

No tempo da viagem de Cabral, a população portuguesa devia andar ao redor de um milhão. Por pequeno que fosse, o Reino era grande demais para tão exígua gente: talvez nem a quarta parte do país era então cultivada.

A terra abundava, pois; e a conseqüência era que a sua agricultura se fazia extensiva e não intensivamente. O incêndio e a devastação das matas, que os portugueses vieram aqui encontrar, entre os índios, sob a forma da coivara, eram processo largamente aplicado no seu próprio país. Sendo pouco densa, em relação à superfície do Reino, não o era, no entanto, a população portuguesa do ponto de vista da sua própria localização territorial. Concentrava-se toda, com exceção talvez do Minho, onde mais se espraiava, em poucas cidades, vilas e aldeias, cercadas de breves zonas cultivadas.

Lisboa, a capital, que se dizia ser então do tamanho de Londres, não andaria longe de 50.000 habitantes. Évora, a segunda cidade do Reino no século XV, contava no declínio deste perto de 5.000 fogos, ou seja, a metade da população de Lisboa. Elvas teria 10.000 moradores; Setúbal e Portalegre, 6.000 cada uma. Já aí estão mais de 10% da população total do país. E o resto se adensava da mesma maneira nas demais cidades e vilas, pouco restando para o campo.

Às vezes as aldeias, sedes dos conselhos, ficavam vazias, ou quase, a não ser nos domingos e dias de festas, porque os seus habitantes estavam todos nos trabalhos do campo. Este hábito se transportou também para o Brasil. Mas lá os casais, embora apartados do vilarejo, eram a ele contíguos. Desta forma a densidade demográfica acima referida nunca deixava de ser real. Além destas pequenas zonas fortemente povoadas, o resto do país eram a mata e o brejo, paraíso venatório para os poderosos senhores, mas regiões inseguras para o povo, que por isto mesmo as deixava desertas. "Aldeias e desertos" chamou o cronista Rui de Pina à sua pátria. As diferenciações locais, tão sensíveis em países como a França, a Alemanha e a Itália, eram muito insignificantes em Portugal, por causa mesmo da exigüidade e da concentração das populações. Isto permitiu a extraordinária homogeneidade da colonização do Brasil, que deu à nossa civilização material este todo harmônico, temperado apenas por diferenças mais geográficas que culturais, e que é surpreendente, se levarmos em conta a nossa vastidão.

Vivendo embora principalmente dos frutos da terra, o português tinha por ela um apego medíocre. A profissão de jornaleiro do campo era a mais baixa na escala social, muito inferior, em importância, à de artesão ou trabalhador manual dos centros urbanos. Mal defendido, era o camponês submetido às intoleráveis vexações do fisco real e dos privilégios senhoriais. Sendo que estes últimos mais pesados que aquele, pois muitas vezes o rei se interpunha na defesa do seu povo, contra a ganância dos senhores. Não admira, portanto, que algum tempo antes da descoberta do Brasil, e apesar da legislação enérgica que a isto se opunha, o proletário rural se esforçasse por melhorar de vida, abandonando o duro labor da terra e acorrendo, em massa, às cidades, onde vivia de vadiagem e caridade. Este fenômeno não era, aliás, peculiar a Portugal. Também se processava na mesma época em outros países, como, por exemplo, a Inglaterra. A novidade é que os antigos camponeses lusos, solicitados agora pela miragem das novas terras, atiravam-se às aventuras marítimas. E desde meados do século XV começava-se a reparar o êxodo dos campos mediante a introdução de negros da costa da África. Quando chegou ao Brasil, já o português praticava intensivamente a escravidão africana no seu próprio território.

Pouco amigo da terra, esforçando-se, mesmo, por libertar-se da sua sujeição, o português veria sempre na atividade agrícola uma espécie de espera, uma ocupação forçada pelo fato de não ter ainda encontrado o que ele mais procurava: o ouro e as pedras. Do início do século XVI ao fim do XVII, o ouro, a prata, o lago das esmeraldas foram a preocupação obsessiva do luso. As condições particulares da cultura do açúcar, que impunham o latifúndio e a produção em grande escala, além das necessidades de defesa contra o índio e o pirata europeu, terão também contribuído para que a vida agrícola nos dois primeiros séculos da colonização tenha sido, sem paradoxo, tão pouco rural. Agricultura sem ruralismo, eis o quadro que oferece, ao historiador, a vida social daquele tempo. Agricultura de aparência quase urbana, com os engenhos transformados em pequenos burgos fortes, verdadeiros núcleos de vida econômica e social fechada.

Um grande engenho de cana, com o enorme capital que a sua produção exigia, com o espaço de construções que ocupava, com a população fixa de que necessitava, com a sua igreja, os seus transportes, a sua vida afinal, era um núcleo de civilização tão importante como qualquer aldeia.

O problema da influência portuguesa na nossa civilização material se complica enormemente quando queremos dar um conteúdo exato ao valor do vocábulo "português". Porque temos de reconhecer duas verdades aparentemente antagônicas: a da homogeneidade desta influência e, ao mesmo tempo, a da sua disparidade. Homogeneidade porque, como já acentuamos, não havia diferenças sensíveis entre as formas de vida nas diferentes zonas de Portugal. Disparidade porque estas formas de vida eram, em conjunto, enriquecidas por fortes e variadas contribuições não-portuguesas: a mourisca, a negra, a amarela e a judia. Não nos arriscamos a precisar qual destas quatro forças terá preponderado no auxílio à conformação da nação portuguesa. Mas no que toca ao Brasil supomos não errar ao afirmarmos que os elementos culturais exóticos, já incorporados pelos lusos, que mais marcaram a nossa formação, foram, em primeiro lugar, os negros e, em segundo, os judeus. O elemento mouro e o chinês ficaram pela rama, visíveis em aspectos complementares da nossa vida, nalgum telhado em forma de pagode, nalguma janela ciumenta de sarrafos trançados, no monjolo, na serpentina (veículo) e em pouco mais.

Os negros e os judeus é que predominaram aqui, mas em ordem invertida à que ocupavam no Reino. Lá a influência judia era seguramente mais forte do que a negra. Os negros contavam-se talvez por dezenas de milhares, trabalhavam principalmente no campo e não tiveram na vida de família a importância que adquiriram no Brasil. Os judeus andavam por centenas de milhares; constituíam de 25 a 30 por cento do total da população, o que é imenso, sobretudo se considerarmos que se concentravam, quase sem exceção, nas cidades. No século XVI, mais de 40 cidades e povoações possuíam "aljamas", como se chamavam, em Portugal, as judiarias. Este fato, ligado à presença, de que temos notícia, dos judeus em altos cargos da corte, é o indício de quão importante poderá ter sido o traço hebraico em todos os aspectos da civilização portuguesa, desde o livro até à habitação.

No Brasil, como dissemos, foi o contrário que se deu. Não há uma estimativa segura do número de judeus que vieram no tempo da Colônia, e este cálculo será provavelmente impossível de se fazer, porque depois de d. Manuel, isto é, depois dos "cristãos-novos", os judeus passaram a vir sob a capa e o nome de portugueses. Muito de real e principalmente muito de fantástico se tem escrito sobre a contribuição do judeu na formação nacional. No entanto, o que é indubitávelmente certo é o seguinte: 1º — por grande que tenha sido, a influência judia foi muito menor que a negra; 2º — no Brasil os judeus influíram relativamente menos do que em Portugal; 3º — a influência judia no Brasil nunca foi independente da portuguesa, isto é, recebemos a contribuição judaica ao mesmo tempo que a lusa, diluída e integrada nela (note-se que nos referimos somente ao período colonial), ao passo que as culturas negras atuaram diretamente, vindas da África para o nosso meio. Já vimos que o número de judeus sobrepujou largamente o de negros, no Reino. No Brasil foi por ele largamente sobrepujado. Terão vindo talvez dezenas de milhares de filhos de Israel para as costas americanas. Mas o número de negros aqui aportados, segundo as melhores estimativas (Afonso Taunay), deve ter orçado por três milhões e setecentos mil.

Estamos, pois, fixados em que, quando nos referimos à influência lusa, desejamos aludir ao complexo português tal como o recebemos, enriquecido de elementos mouros, amarelos e judeus. Quando falamos em resíduos negros ou índios estamos lembrando as outras forças que vieram se juntar àquele complexo, para impulsionarem a civilização brasileira. Tentemos, em traços gerais, fixar certos importantes aspectos deste processo

O esforço civilizador do europeu no Novo Mundo, em virtude da singularidade das condições com que se defrontava, tinha que se revestir de certo cunho teórico, que nos dá, por vezes, a impressão de artificialismo.

É curioso, por exemplo, ver-se no regimento do provedor-mor Antônio Cardoso de Barros como el-rei se esmerava, menos de meio século depois da descoberta, em providenciar minuciosamente sobre funcionários e funções, almoxarifados, alfândegas, livros de escrituração, tão gravemente como se não se tratasse de terra quase sem nenhuma polícia.

A preocupação primordial dessa política de reprodução dos modelos reinóis foi, naturalmente, a fundação de povoações fixas, que viessem substituir com vantagem os pousos móveis e precários das feitorias. Portugal queria, pois, transplantar para aqui as suas próprias povoações. E o fez com tal vigor que ainda hoje estes elementos fundamentais da nossa civilização material, as cidades do interior, guardam, em linhas gerais, a marca poderosa dos primitivos povoadores. Já nos referimos à tendência citadina do povo português, ao tempo da sua aventura brasileira, e como ela aqui se manteve. Vejamos agora como eram as suas cidades.

O aspecto das cidades e aldeias portuguesas, à fé do douto Costa Lobo, pouco variou entre os séculos XVI e XX.

Então, como agora, os habitantes amontoados em ruas sinuosas e estreitas, grimpando os dorsos dos montes à procura da alcáçova com a sua torre. Pouco afastada, a igreja matriz, geralmente no mesmo largo dominado pelos paços do conselho, e entre os dois edifícios o pelourinho, onde a justiça por vezes tão cruelmente fazia pública a sua autoridade.

Retirado ao quadro o elemento decorativo da torre feudal, nada teríamos a alterar nesta descrição, se a desejássemos aplicar a uma típica cidade colonial brasileira.

Tal como lá, aqui as ruas eram estreitíssimas e as casas encostadas umas às outras, com frente sobre a calçada e terrenos no fundo. Os campos de cultura, aqui como lá, ficavam fora das vilas, as quais, por isso mesmo, passavam os dias sem ninguém e só nas festas se animavam. E o material de construção, quando não o mesmo, era muito semelhante.

No Reino, tanto como na Colônia, as casas de pedra e cal eram escassas. Mais freqüentes, talvez, as de pedra e barro, mas principalmente as de taipa, nas várias significações deste termo. No fundo, todas traduzindo o uso da terra como material mais importante. Antiqüíssimo era em Portugal o emprego da terra como material na ereção de paredes, muros e até de muralhas fortes. Foi usada pelos sarracenos e pelos romanos, na península, e os técnicos querem recuar o seu emprego, no Velho Mundo, para tempos ainda mais remotos que os de Roma. No Reino, como aqui, até torres, casas nobres e edifícios públicos, fortins, conventos e igrejas se fizeram de taipa. Taipa de mão, taipa de pilão, taipa francesa, taipais; palavras que encontramos a cada página na leitura de velhas crônicas. A origem provavelmente árabe do vocábulo parece indicar que o costume de construção romana reanimou-se ao influxo mouro e por seu intermédio entrou na língua.

E não se suponha que a terra era empregada na construção apenas em centros menores. Em Lisboa e no Porto, como no Rio, na Bahia ou Recife, o adobe e a taipa reinaram vitoriosamente durante três séculos.

As coberturas dos mais abastados eram, porém, sempre de telhas, cujo emprego é remotíssimo em Portugal. No Brasil também foi corrente, a contar da primeira metade do século XVI. As casas mais pobres dos centros mais ricos, ou mesmo todas as casas dos menores núcleos, no princípio é que eram cobertas de palma, à maneira dos índios, ou de ervas (capim), sendo este último processo também muito do gosto luso. Em Portugal a casa do pobre jornaleiro do campo era freqüentemente coberta de giestas, de colmo, de tábua. No Brasil o luso aproveitou provavelmente para o mesmo fim, nas moradas de pouca dura, as numerosas espécies de capim, indígenas ou importadas, com a mesma facilidade com que hoje os nossos rústicos empregam o sapé, ou os platinos usam a romântica "paja brava", fonte de tanta literatura gauchesca.

O proletário rural, habitando pardieiros ou cabanas, era às vezes chamado em Portugal cabaneiro. Nome que, pelas mesmas circunstâncias, veio à nossa História, já no Império, com os cabanos e a cabanada, que foi, afinal, uma luta de proletários rurais.

É muito difícil precisar com segurança quais foram os elementos negros e índios, incluídos diretamente na nossa civilização material.

A rapidez de alteração dos processos culturais indígenas, ao contato com os brancos, é fato assente pelos melhores estudiosos do assunto. E o mesmo se verificava com os negros, cuja pureza cultural era ainda mais dificilmente defensável, uma vez que a escravidão os transportava para um meio novo e sem liberdade.

Quanto às culturas negras, há ainda a considerar que aquelas que para aqui se transplantaram eram muito variadas, provavelmente muito mais diversas entre si do que o eram as culturas indígenas do litoral. Daí se segue que, se os negros tivessem influído de forma perceptível na nossa civilização material, poderíamos lobrigar as diferenças originárias das suas culturas através dos resultados das respectivas influências, estudo que, quando tentado, não tem saído do plano inseguro das conjecturas. Parece-nos mais condizente com a realidade das observações a conclusão de que a influência negra (que não negamos tenha sido importantíssima na nossa formação) se haja exercido principalmente e mesmo quase exclusivamente no terreno da psicologia social, tomada esta expressão no seu mais largo sentido.

É possível que alguns traços incorporados ao conjunto da nossa civilização, e que supomos de origem negra ou índia, sejam herdados, como os demais, de Portugal.

A este propósito já nos referimos aos escritores que consideram a queimada como bárbaro processo brasileiro de cultura dos campos. Southey e Saint-Hilaire (sobretudo o francês), assim como o nosso grande Varnhagen, se demoram em considerações sobre a agricultura brasileira baseada na devastação das matas. Ora, o certo é que a "coivara" indígena é uso antiqüíssimo de numerosos povos e terras.

O poeta brasileiro Basílio da Gama, conforme se vê no seu "Uraguai", está entre os que supõem ser a queimada costume indígena ameríndio:

> "O índio habitador, de quando em quando,
> Com estranha cultura entrega ao fogo
> Muitas léguas de campo: o incêndio dura
> Enquanto dura e o favorece o vento."

Mas já dois séculos antes, o português Antônio Ferreira escrevia em uma das suas odes:

> "Pascia o gado gordo na verdura
> Da serra que roída se queimava
> Para lhe renovar sua pastura..."

A queimada era índia e lusa, construções de terra eram lusas e negras. Elementos de civilização que coexistiram e prosseguiram no meio novo.

A fusão das culturas negras e índias, entre si, e de ambas com a portuguesa é, com efeito, fenômeno histórico observável desde os primeiros tempos da colonização. Havia índios que, sem nunca terem estado em contato com brancos, conheciam hábitos da civilização trazidos por negros fugidos para a selva. Os santos do calendário cristão se misturavam aos mitos das religiões negras. Como, no meio desse processo dinâmico, caracterizar sobrevivências indiscutíveis, distinguir elementos culturais em estado puro?

Observamos, do ponto de vista da nossa psicologia social, uma presença forte do negro e, também, embora muito mais atenuada, do índio. Mas reconhecemos tais presenças em conjunto, na medida em que nos sentimos diferentes dos portugueses. São elementos enriquecedores e diferenciadores da nossa personalidade nacional.

Do ponto de vista da nossa civilização material nem isto observamos: ou, mais precisamente, nada observamos de certo, porque os elementos que podem ser de origem negra ou índia também podem ser de origem portuguesa.[1]

A pequenez da contribuição especificamente negra para a nossa civilização material já foi reconhecida por especialistas do tomo de Nina Rodrigues e Artur Ramos. O primeiro escreve:

"Não podemos ir muito longe na apreciação das artes industriais dos nossos colonos pretos. Eram muito primitivas as que nos traziam da África e quase se reduziam a processos de pesca, de caça, e de uma cultura agrícola atrasadíssima *(sic)*. Todavia, dotados de grande poder de imitação, em chegando ao Brasil os negros escravos se converteram em excelentes oficiais, ou mestres de ofícios, de cujos trabalhos retiravam grandes proveitos os seus senhores."

E Artur Ramos, tratando da civilização material dos negros, apenas se refere à importação de pequenos objetos de bronze e outros metais e à fabricação de instrumentos de música, de culto ou de uso doméstico.

Em matéria de arquitetura sabemos que, antes de serem trazidos ao Brasil, os negros empregavam habitualmente, como material, o adobe, que são tijolos de barro cru e alguma forma de taipa. Damião de Góis, falando da viagem do Gama à Índia, conta as aventuras do descobridor com os negros da África. E destes diz: "Suas casas são de adobe, terra e madeira, cobertas de colmo."

A mais interessante concentração negra que conheceu a nossa História Colonial, do ponto de vista de civilização material, foi, sem dúvida, Palmares.

O primitivo quilombo (destruído em 1644) teve 1.500 habitantes, cerca de 400 metros de comprimento, com uma só rua da

---

[1] Note-se ainda aqui a significação que demos acima ao vocabulário "português".

largura de uma braça (pouco menos que muita rua de Lisboa da mesma época), um largo e duas portas. Cacimbas para águas, paliçadas externas de defesa e uma igreja, o que demonstra a fusão das culturas negra e branca. Já o segundo Palmares (1678) tinha 220 casas e uma igreja. O terceiro e último Palmares (1697) parece que chegou a ter 1.500 casas, com capela e imagens de santos católicos, além de mais 800 casas em uma espécie de subúrbio. Subiu talvez a 20.000 habitantes, entre os quais não seriam poucos os índios.

As descrições de Palmares são infelizmente pouco minuciosas para a nossa curiosidade. Mas dos escassos elementos conhecidos se deduz a coexistência, na cidadela rebelde, das três civilizações: a branca, a negra e a índia.

Uma só rua longa e estreita, cercada de casas, seria cópia das vilas lusas transplantadas para o Brasil. Portuguesa, também, a capela católica ou quase católica. Já a coleta de água em cacimbas (substantivo que tem a mesma origem que a palavra cachimbo, objeto cujo pequeno forno tem a forma do poço africano) nos situa em plena civilização negra, enquanto a proteção das paliçadas, ou caiçaras (espécie de cerca de paus roliços estreitamente unidos à maneira dos selvagens), era costume dos índios, que assim cercavam as suas tabas. Costume que desde o primeiro século se transmitiu aos portugueses, nas fortificações recém-fundadas.

Quanto à arquitetura popular (estamos nos referindo aqui às moradas mais simples e primitivas), encontramos também no seu estudo uma espécie de "terreno de ninguém", ou talvez, em melhores palavras, um terreno comum, pois é difícil, ainda aqui, caracterizarem-se com segurança as influências predominantes.

Certos africanólogos entendem que da arquitetura dos quilombos procedem os mocambos de taipa nordestinos. Concluir daí que o mocambo é uma sobrevivência pura da civilização material negra nos parece arriscado, sobretudo depois das considerações, acima feitas, sobre a fusão cultural verificada dentro dos próprios quilombos.

Os escritores com mais simpatia pelos estudos indianistas vêem de preferência nos mocambos sobrevivências tupi-guaranis. Coisa também duvidosa, pois não é nada seguro que as nações do litoral usassem a terra como material de construção. Parece certo, diz o douto Métraux, que os guaranis o faziam originalmente, mas as tribos da costa possivelmente terão adquirido dos brancos o uso da taipa. Segundo as indicações mais seguras, os tupis no estado puro da sua civilização moravam em casas feitas só de madeira e folhagem. O vigamento tanto vertical quanto horizontal era robusto, sendo o resto do material não barro, mas folhas, assim nas paredes como na cobertura.

Esta observação de Métraux é confirmada indiretamente pela de Nordenskiold, o qual, aludindo ao material de construção utilizado pelos índios da bacia do Amazonas, enumera a madeira e as folhas de palma, sem se referir à terra.

Escritores do primeiro século (Oviedo, Cardim, Soares etc.) referem-se ao emprego da taipa de mão, mas isto poderá caber dentro da hipótese de Métraux, da influência branca.

Aliás, o também autorizado Pericot y Garcia observa na sua obra que o adobe assim como a pedra só se empregavam na América nas regiões em que a civilização alcançou maior desenvolvimento, tais como o México ou o Peru.

Outro elemento fundamental de qualquer civilização são os caminhos. No Brasil, os existentes ao tempo da chegada dos brancos eram simples trilhas das quais algumas mais freqüentadas, como veremos depois. Por vários motivos, o português não cuidou particularmente do sistema de comunicação terrestre. A princípio principalmente porque, sendo a civilização localizada na fímbria litorânea, mais fáceis e mais seguras eram as comunicações marítimas, apesar de todos os riscos da precária arte de navegar e de todas as traições da extensa costa. Depois, o latifúndio e a monocultura, na era açucareira, a falta de trocas internas e o insulamento econômico dos engenhos em nada contribuíram para melhorar os caminhos. Se não foi uma espécie de feudalismo brasileiro, a civilização da casa-grande teve pelo menos alguns característicos feudais. Entre eles, a ruindade das estradas.

Em seguida à era da cana, o século do ouro ainda menos contribuiu para a melhoria delas. Caminhos, então, só os indispensáveis, pois quanto mais caminhos houvesse mais se facilitariam os descaminhos do metal e das pedras, em prejuízo do fisco vigilante.

Mas a todas estas circunstâncias particulares se juntava a tradição portuguesa das péssimas estradas. Pouco antes da descoberta do Brasil, as mais trilhadas do Reino, as que ligavam entre si as maiores cidades, não ofereciam comodidade alguma aos viajantes.

A política romana dos bons caminhos, que acompanhou de perto a grande expansão imperialista de Roma, não parece ter sido seguida pelos conquistadores ibéricos. Talvez porque os povos hispânicos, principalmente o português, fossem dados sobretudo às conquistas através do mar. Eis aí a sugestão para um estudo da importância de tais caminhos para a política do militarismo conquistador e da tendência dos povos que vivem na defensiva para não aperfeiçoar suas vias de acesso, que podem ser outras tantas vias de invasão. Tese que não é aqui o local de se expor, mas que as campanhas recentes da Europa, África e China parecem confirmar.

Um característico psicológico do português, que deve ter entrado como força componente da nossa civilização material, é o gosto da ostentação. "Historicamente se confirma uma nota distintiva do caráter nacional", diz Costa Lobo, "a comodidade é-lhe indiferente, o indispensável é a ostentação."

Desde cedo, em Portugal, talvez por contágio mouro, foi largo o uso dos metais preciosos nos utensílios domésticos. Abundavam os ourives, e a Coroa tinha de intervir para limitar os abusos, um dos quais era o aumento do preço da prata, o que fazia que fosse retirada da circulação a moeda corrente para ser transformada em lâmpadas e alfaias. Com os primeiros sucessos marítimos no continente africano, as riquezas aumentaram e, com elas, o luxo. Nas vésperas do descobrimento do Brasil difundiam-se enormemente, não só na nobreza como também no povo, o gosto e o hábito da ostentação. E foi com esta mentalidade que se processou a nossa colonização. Viajantes estrangeiros, ingleses, franceses, alemães, não discordam neste ponto, quando recolhem impressões de Portugal e da sua colônia americana.

O fato, contudo, de ser medíocre nos lusos a preocupação do conforto não obstava a que fossem especialmente esmerados no arranjo e construção de edifícios públicos, enquanto viviam em interiores franciscanamente modestos. É claro que devemos tomar estas observações num sentido geral, pois nesses assuntos não há afirmativas rígidas.

Não esqueçamos também que, em face da Coroa, a nobreza ocupava, do ponto de vista econômico, uma situação inferior à do clero. Com efeito, aquela vivia dos favores reais, que podiam ser suspensos a cada instante, ao passo que os bens da Igreja e dos seus servidores eram preservados. No Brasil os bens clericais freqüentemente adicionavam abundância à estabilidade. Não é de admirar, portanto, que as igrejas estivessem sempre entre os edifícios mais cuidados, mais ricos, amplos e sólidos. Nelas se concentrou, durante os três primeiros séculos, o que havia de melhor em matéria de desvelo arquitetônico, quanto à sua construção, e de riqueza artística quanto às esculturas, pinturas, pratarias e talhas das fachadas e interiores.

Raros são os solares privados que se sobressaíam pela grandeza ou formosura, tais como o castelo de Garcia d'Ávila, no século XVI, a casa-grande de Magaípe, no século XVII, ou a Casa dos Contos, no século XVIII.

Não muito freqüentes, tampouco, as obras de capital importância na construção civil, mesmo utilitária, como os Arcos da Carioca, o Forte do Príncipe da Beira, a Cadeia de Vila Rica.

Mas as belas, as maravilhosas igrejas contam-se por muitas dezenas, em quase todo o Brasil. Erigidas no período colonial, até os mais remotos rincões do oeste, algumas se ligam ainda a conventos, que são igualmente obras preciosas de força, elegância e beleza.

As igrejas eram o verdadeiro centro da vida social na Colônia. As festas religiosas eram as mais importantes; as naves faziam as vezes de salões: nelas se reunia a alta classe. Qualquer causa servia. Doenças, lutos, datas festivas na família real ou nas dos mais poderosos representantes da coroa, manifestações de receio ou de confiança pública; fatos importantes da vida política etc. Isto sem falar no rosário infindável dos dias santificados do calendário. Tudo era motivo bastante para procissões, missas, sermões e toda sorte de cerimônias em que o povo se comprazia, antes por gosto de festejos do que por devoção, pois que, em tal ambiente, as almas talvez se fizessem mais encontradiças com a sedução do pecado do que fossem solicitadas pelos caminhos da salvação. Mas isto é tema de história social, que escapa ao nosso assunto.

Revendo o conjunto de dados acima coligidos, poderemos resumi-los nas seguintes conclusões gerais:

O desenvolvimento da nossa civilização material é de base portuguesa, entendida no seu complexo luso-afro-asiático. A contribuição negra e índia, muito notável na elaboração do nosso psiquismo nacional, é pouco importante na civilização material, não somente por ter sido absorvida no choque com um meio muito mais evoluído mas também porque as condições de sujeição em que viviam as raças negra e vermelha não permitiam a expansão plena das suas respectivas formas de cultura. Por isto mesmo os elementos negros e índios, presentes na nossa civilização material, salvo um ou outro mais notáveis, são de difícil identificação.

SÉCULO XVI

O Brasil do século XVI se confinou na faixa litorânea. Já frei Vicente, o nosso melhor historiador da centúria seguinte, tinha observado isto, em pitoresca frase que, por muito repetida, não precisamos reproduzir aqui. Mas convém não esquecer que o litoral brasileiro conhecido não tinha no primeiro século a extensão de hoje. As capitanias foram repartidas ao longo de bem menos de oitocentas léguas, o que corresponde a cerca de metade da nossa imensa costa atual, que atinge a quase 7.400 quilômetros. Mas, mesmo da costa então conhecida, apenas um quinto, ou seja, um décimo da extensão de hoje, foi aproveitado realmente no século XVI, e isto em trechos esparsos e não raro muito distantes uns dos outros.

Os primeiros anos se passaram em cautelosas e não muito interessadas explorações geográficas. Mais atraentes que a nossa rústica virgindade eram, para o desejo luso, as oferendas da velha e opulenta Índia Oriental.

Por aqui passavam as armadas, sopesando as possíveis riquezas, investigando o gentio, aproveitando uma que outra vez as magras possibilidades do escambo. Aproximavam-se as naus, com cuidado, da costa ignota, usando freqüentes sondagens. Fundeavam nos pontos abrigados e mandavam à terra os batéis, que às vezes vinham rebocados à popa. Desciam neles os homens, e iniciavam-se as trocas: objetos indivisíveis, quinquilharias e bugingangas caras àquelas almas simples, contra o pau-vermelho, as aves vistosas, as peles de animais, alguma espécie de paina ou algodão da terra, produtos de valia para as necessidades da vida ou do prazer. Também entravam às vezes na conta numerosas peças de escravos, como então se dizia, carne humana que a América exportou, antes de importá-la da África. Por mais fluido e precário que fosse tal comércio, cedo exigiu instalações fixas. Foram estas as chamadas feitorias. O seu estudo constitui ainda ponto obscuro da nossa historiografia, lacuna que precisa aliás ser cabalmente preenchida. Mas o pouco que se sabe a respeito delas permite-nos, já, o assentamento de algumas noções gerais.

Eram as feitorias, afinal, uma espécie de armazéns de gêneros destinados à distribuição e à venda, e os portugueses as instalavam desde antes da descoberta do Brasil nos países do norte da Europa, para onde exportavam as mercadorias trazidas da África. Naturalmente, as feitorias do Brasil eram muito diferentes daquelas, sediadas em cidades civilizadas dos centros consumidores. As daqui constituíam apenas abrigos para reunião e proteção das diferentes mercadorias à espera de transporte. Seriam, pois, instalações muito primitivas, espécies de galpões, cercados por muralhas defensivas de pau-a-pique, ao jeito dos índios, e destinadas a defender, contra os mesmos, os abnegados brancos que aqui viviam nessa madrugada de nossa civilização. Cercado pela selva, pelo mar, sofrendo a vizinhança do índio, em que não podia confiar muito, era natural que o navegador sedentário se lembrasse dos recentes hábitos de agricultor. Daí as plantações pequenas, existentes nos recintos das feitorias, inclusive uma que logo se começou a fazer, a da cana, que em breve iria revolucionar toda a vida da América Portuguesa. Nas feitorias importantes, como as de Cabo Frio, São Vicente ou Pernambuco, havia verdadeiros fortins de madeira e terra, com acomodações mais amplas e talvez sortes de aldeamento de casas de taipa cobertas de folhas, capazes de oferecer relativa comodidade aos poucos cristãos que ali se demoravam meses e meses.

Não foram somente os portugueses que se serviram das feitorias. Os franceses também aproveitaram o sistema, durante o largo período em que disputaram aos lusos a prioridade do comércio da costa brasileira. Naturalmente os "pero" e os "mair" sabiam escolher as zonas habitadas pelas tribos que lhes eram fiéis, sendo, ao mesmo tempo, hostis aos concorrentes.

O período das feitorias precedeu ao das capitanias donatárias e, embora não tenha com estas desaparecido, passa evidentemente a um segundo plano histórico, quando se inicia o esforço maior da civilização

Não se podem precisar, nem aproximativamente, o número e a localização das feitorias, no século XVI, porque, mesmo depois de existentes e florescentes muitas povoações portuguesas, usavam os franceses, aliados a certas tribos selvagens, se estabelecer clandestinamente em feitorias, de onde foram gradativamente expulsos, à medida que as condições iam permitindo aos lusos uma ocupação mais efetiva do litoral.

Antes do ensaio de colonização por capitanias, encontramos referências às seguintes feitorias mais importantes: Cabo Frio, fundada por Vespúcio, que nela deixa 24 cristãos em 1503. Esta feitoria teve a honra de ser um dos motivos de inspiração de Thomas Morus, na sua *Utopia*. Rio de Janeiro, feitoria de João Braga, encontrada por Magalhães em 1519, Bahia, feitoria de Diogo Álvares, a partir de 1510. Na costa de S. Vicente temos notícia, desde a segunda década do século, das instalações de Antônio Rodrigues, de João Ramalho e do bacharel Cananéia. O porto mesmo de S. Vicente, ponto de embarque de escravos, já figura em carta geográfica anterior a 1510.

Mais para o sul, no chamado porto dos Patos, atual costa catarinense, Enrique Montes e outros estabeleceram feitoria desde 1516, e neste mesmo ano Cristovão Jaques criou uma na região de Igaraçu, em Pernambuco.

A estes pequenos núcleos devemos acrescentar o fortim erigido, por ordem de Martim Afonso de Sousa, em 1531, no Rio de Janeiro, onde, como vimos, já existia uma feitoria. Era, diz Pero Lopes, uma "casa forte com cerca em derredor". Será esta a famosa casa do branco, ou "carioca", sobre que tanto se tem escrito? Eis o que não interessa ao nosso curso investigar. O mesmo Pero Lopes alude a outro fortim, construído pela expedição de Martim Afonso em Itamaracá, que não deve ser esquecido.

Falando da expedição de Martim Afonso, devemos nos deter sobre esta importante tentativa de colonização.

Foi o ensaio preliminar executado pelos portugueses, talvez menos para incentivar a exploração da terra do Brasil, pois que a aventura oriental avultava ainda nos seus planos, do que para preservar a posse da conquista americana, cobiçada por aves de rapina de vôo mais curto do que as que se despegavam do Tejo. Franceses andavam à vista, rondando por toda a nossa costa, e em Lisboa o rei tinha conhecimento dos manejos dos Valois, pelos seus astutos agentes, por vezes também corruptores e corruptos, sediados em Paris, sendo que alguns em posições eminentes.

Envia, pois, el-rei a armada de Martim Afonso, e este, em princípios de 1532, pratica um ato de transcendente importância para a história da nossa civilização: funda oficialmente a primeira povoação do Brasil. Deixávamos, assim, definitivamente para trás o regime das feitorias, estado embrionário, dilucular da nossa civilização e a que já chamamos em outro trabalho o "período pré-colonial" brasileiro.

Transpondo a era das feitorias, pontos frágeis e móveis; acampamentos de acaso que pouco acima estariam das tabas nômades dos selvagens; paradeiros sem vida cristã, nem nenhum arremedo de organização social ou política, entrava o Brasil na fase dos núcleos mais consistentes de civilização, humílimos, é verdade, mas contendo, já, e acima dos recursos materiais, a determinação de organizar a vida coletiva segundo os preceitos adquiridos pela experiência administrativa e impostos pela doutrina da Igreja. Este simples raciocínio define, sem mais nada, a magnitude da transformação que se simbolizava na fundação de São Vicente.

Além desta vila, fundou Martim Afonso outra para o interior, à beira de um rio chamado Piratininga, a duas léguas da primeira. A segunda povoação, Santo André, marcou o início da conquista do planalto, fato que, pela sua precocidade, teve tão grande importância no desenvolvimento da nossa expansão geográfica e da nossa civilização. Nestas duas vilas, diz o cronista da expedição, Martim Afonso "repartiu a gente e fez nelas oficiais e pôs tudo em boa ordem de justiça, de que a gente toda tomou muita consolação, com verem povoar vilas e ter leis e sacrifícios, e celebrar matrimônios, e viverem em comunicação das artes, e ser cada um senhor do seu e vestir as injúrias particulares, e ter tôdolos outros bens da vida segura e conversável".

O gracioso trecho quinhentista que acabamos de transcrever merece ser conservado em lugar de honra da nossa história.

Também a fundação do primeiro engenho de açúcar em São Vicente, que então se realiza, é outro marco importantíssimo na história da nossa civilização, pois sobre o açúcar se baseou ela, durante dois séculos. É certo que muitos anos antes da vinda de Martim Afonso já se fabricava açúcar no Brasil. Mas em engenhocas provisórias, de rendimento insuficiente e produto inferior. O engenho correspondeu a um notável adiantamento técnico e merece, assim, referência especial.

Nas imediações do local escolhido por Martim Afonso, na Ilha de São Vicente, já existia uma instalação portuguesa, com dez ou doze casas, sendo uma de pedra, e também uma torre (certamente de taipa) para defesa contra os índios. É que o porto de São Vicente excedia em importância às demais feitorias do litoral.

A vila fundada por Martim Afonso, cedo levou-a o mar. Muito próxima a ele, não resistiu aos seus movimentos. Casa do Conselho, pelourinho, igreja matriz, tudo desapareceu. Segundo frei Vicente, entre 1542 a 1545, trataram os moradores de reconstruir a vila, mais longe. A igreja nova teve, por garantia, alicerces de pedra e o mais de taipa. Era coberta de telhas. Para concluirmos com São Vicente, lembremos ainda que o seu porto foi, aos poucos, sendo suplantado pelo de Santos, que, como veremos, se fundou do outro lado da mesma ilha. Anchieta atribui isto à devastação das matas, nas elevações próximas ao ancoradouro, que fez que as enxurradas de morro abaixo arrastassem tal quantidade de terra que tenha tornado imprestável, ou quase, o fundeadouro fronteiro à vila. Efeitos nefastos da erosão que conhecemos ainda hoje em tantos outros setores da nossa vida, principalmente na agricultura, pela mesma causa das derrubadas imprevidentes.

A expedição de Martim Afonso de Sousa foi, por assim dizer, um ensaio da nova orientação da Coroa em relação ao Brasil. Esta nova orientação se traduzia pelo desejo de estimular o mais possível a colonização, como processo adequado para salvar a Colônia americana da cobiça dos outros povos.

O meio achado mais conveniente foi uma espécie de associação entre o poder da Coroa e a iniciativa particular, com a atribuição a alguns senhores ou validos do rei das mais importantes prerrogativas administrativas sobre quinhões determinados da terra, ficando eles obrigados a fomentar o povoamento e a colonização das áreas que lhes eram concedidas.

O período das capitanias (1534-1549), que sucedeu à expedição de Martim Afonso e durou com exclusividade até à instalação do Governo-Geral, determinou, como era natural, um certo surto civilizador através da costa. As imensas dificuldades oferecidas pelo território extenso, semideserto, quando não habitado por gentes bárbaras e hostis, não permitiram que, visto em grosso, tal surto passasse além do terreno das tentativas.

Indicaremos o que se operou de mais significativo, então, para o nosso estudo.

O mais importante esforço se realizou no norte, em Pernambuco, capitania de Duarte Coelho. Criou este fidalgo dois centros principais na sua doação, um, Igaraçu, no limite norte das suas terras, onde primeiro se estabeleceu, e outro mais do sul, que foi Olinda, ambos junto ao mar. Além das vilas, promoveu a administração de Duarte Coelho o florescimento da agricultura e da indústria, principalmente com a plantação da cana e o fabrico do açúcar, base da vida econômica brasileira a partir de então, e por quase dois séculos.

Por Hans Staden, que em 1548 tomou parte na defesa de Igaraçu contra os índios, sabemos que a povoação era muito primitiva, cercada de mato e tendo como defesa uma simples caiçara de madeira. A Olinda chamavam os índios "mairi", que quer dizer povoação, ou cidade dos brancos, o que mostra, desde então, a sua maior importância.

Foi Olinda fundada numa eminência, sobre o mar, e o seu nome se supõe mais razoavelmente ser tirado de antigo sítio lusitano, apesar da toponimia literária que lhe atribui uma origem lírica. Ali Duarte Coelho construiu logo — como os antigos povoadores de São Vicente — uma torre de defesa contra os índios. A sua torre, porém, ao contrário da vicentina, era certamente de pedra e cal, e existia ainda no fim do século, na praça da vila.

Abaixo de Pernambuco ficava a Bahia, cujo primeiro donatário, Francisco Pereira Coutinho, fundou em sítio adequado uma povoação que é referida, em antigos documentos, por vezes sob o nome do seu fundador, ou seja, povoação de Pereira. Tinha uma fortaleza sobre o mar e provavelmente uma cerca defensiva, como era hábito. Hostilizado pelos índios, Pereira Coutinho, que chegara com muitas esperanças, acompanhado de numerosos colonos solteiros e casados, abandonou a terra e fugiu com a sua gente para os Ilhéus, capitania que lhe ficava vizinha, da banda do sul. Voltando mais tarde, naufragou perto de Taparica, sendo morto, com os seus, pelos tupinambás. Salvou-se do massacre com "boa linguagem" o misterioso Caramuru, que voltou a viver e a procriar na antiga povoação de Pereira, onde o vai encontrar o Governador-Geral Tomé de Sousa, em 1549. Pereira ficou sendo desta data em diante a Vila Velha, sendo absorvida pela nova, que então se fundou, como daremos oportunamente notícia.

Ao sul da Bahia e ao norte de Porto Seguro, ficava, como dissemos, a capitania de Ilhéus, que também não progrediu muito no início por causa dos índios. Foi seu donatário Jorge de Figueiredo Correia, homem de boa posição na corte, que por isso mesmo não se incomodou em atravessar o oceano para os azares de uma tarefa colonizadora. Mandou como loco-tenente o espanhol Francisco Romero, que fundou junto ao rio dos Ilhéus (assim chamado por causa de quatro ilhotes que estão diante da sua foz) uma vila denominada São Jorge, que no início vegetou obscuramente com escassos moradores.

Nos Ilhéus, entremeada com a luta contra os índios, fizeram-se com sucesso a plantação da cana e a fabricação do açúcar.

Na capitania de Porto Seguro, venerável por ali ter tocado em terra Álvares Cabral, fundou Pero de Campos Tourinho três vilas, a de Porto Seguro, a de Santa Cruz e a de Santo Amaro. A princípio, foi próspera a capitania, por causa dos europeus que já a vinham habitando desde as primeiras viagens de exploração. Em 1564 os índios destruíram Santo Amaro; e Santa Cruz, que estava na baía Cabrália, foi mudada de lugar. Ficou sempre decadente Porto Seguro, até reverter à Coroa.

Correndo a costa sempre para o lado meridional, topamos a capitania do Espírito Santo, depois da de Porto Seguro. Deu-a el-rei a Vasco Fenandes Coutinho, esforçado e ilustre lidador das campanhas asiáticas.

Chegou ele à sua terra com muitos colonos e desembarcou dentro da enseada do Espírito Santo, fundando logo a povoação a que deu este nome. Ali construiu as usuais fortificações de taipa e as acomodações destinadas aos seus companheiros de jornadas. Não teve, porém, tranqüilidade o primeiro donatário. Desde 1535, quando fundou a primitiva vila (depois chamada Vila Velha), foi sempre hostilizado pelos selvagens.

A maior ilha da baía do Espírito Santo foi doada por Vasco Fernandes Coutinho ao seu protegido Duarte Lemos, com quem mais tarde se desaveio. Nesta ilha teria provavelmente Duarte Lemos alguma humilde povoação de lavradores, depois, como veremos, transformada na Vila de Vitória.

Ao sul da capitania do Espírito Santo localizava-se a de São Tomé, cujo primeiro donatário foi Pero de Góis. Este, que tinha vindo com Martim Afonso de Sousa e se achava instalado em São Vicente, foi a Lisboa se preparar para os novos encargos, de lá voltando em 1539 para dar início à colonização das suas terras. Logo fundou uma povoação fortificada, a que deu o nome de Vila da Rainha, nela se demorando quatro anos, findos os quais foi de novo ao Reino, em busca de maiores recursos. De volta, encontrou o pouco que realizara quase destruído pelos índios. Procurou Góis restaurar o que pôde, construiu engenhos e fundou, mesmo, outra povoação. Não foi, contudo, feliz na luta constante contra o bárbaro gentio. Discordam os autores sobre a localização das vilas fundadas por Pero de Góis, das quais nada restou por testemunho. Quanto à Vila da Rainha, pensamos deve ser adotada a localização de frei Vicente, cronista pouco posterior aos fatos de que tratamos e que se impõe pela sua constante veracidade. Diz ele que a povoação de Pero de Góis era junto ao rio Paraíba. Advertimos que o sábio historiador Alberto Lamego acha discutível essa localização.

Depois da de São Tomé vinha a capitania de São Vicente, de Martim Afonso de Souza, dividida em duas seções pela capitania de Santo Amaro, pertencente a Pero Lopes, irmão de Martim Afonso, a qual dentro da outra se encravava. Além das duas povoações de que já fizemos menção, fundadas ambas antes da divisão da costa em capitanias, há ainda a mencionar, depois disso, em 1543, a fundação de Santos, por Brás Cubas. Era este membro da colônia de Martim Afonso e viera na sua armada. Parece que no sítio em que foi fundada a povoação, e que é na mesma ilha onde se achava S. Vicente, mas do outro lado, já se encontravam estabelecidos Pascoal Fernandes e Domingos Pires, que ali tinham moradas e roças. Brás Cubas se agradou do sítio e ali fundou a futura vila e erigiu Casa de Misericórdia, que foi a primeira do Brasil, sob a invocação de Todos os Santos. Invocação que depois foi lembrada no nome da vila e cidade. O bom porto terá sido um dos fatores da crescente prosperidade de Santos, tanto quanto o mau porto causa da decadência precoce de São Vicente.

As terras doadas a Pero Lopes eram divididas em três seções: a primeira, já referida, encravada na capitania do seu irmão, chamou-se Santo Amaro; a segunda, mais ao sul, que era a terra de Sant'Ana, começava abaixo da ilha de Cananéia e terminava nos vagos limites com os espanhóis; e, finalmente, a terceira, Itamaracá, era vizinha setentrional de Pernambuco e corria da ilha daquele nome para o norte. Nada que mereça menção, do ponto de vista do nosso estudo, ocorreu em tão grandes extensões antes da fundação do Governo-Geral. Também, no mesmo período, não progrediu a parte norte da capitania de São Vicente, a qual, aliás, antes do fim do século, foi erigida em capitania separada, com o nome de Rio de Janeiro. Só em meados da centúria ocorreram ali os importantes sucessos de que breve daremos notícia.

Ao norte do Itamaracá, e em toda a imensa extensão da costa leste-oeste, até ao Amazonas, a tentativa civilizadora das capitanias fracassou por completo. Inutilmente esforçaram-se os seus donatários. As condições eram adversas e o tempo impróprio. Antes do fim do século nada se iniciou ali que mereça atenção.

O pouco que nos ficou dos ingentes e mal-sabidos trabalhos naquela zona se refere ao ensaio de colonização realizado por Antônio Cardoso de Barros, no Ceará. Parece, de fato, que este donatário, mais tarde alto funcionário da administração de Tomé de Sousa, na Bahia, tentou construções à entrada do porto de Camocim, das quais ainda no século XVII existiam ruínas de pedra e cal.

Criado o sistema do Governo-Geral, e com a chegada do primeiro governador, Tomé de Sousa, em 1549, inicia-se nova fase para a civilização brasileira. Os esforços dispersos e privados dos capitães da costa eram agora superados e centralizados pelos recursos mais amplos da Coroa. As instruções de Tomé de Sousa, que neste ponto repetiam as dos donatários, faziam referência à fundação de uma nova cidade. Foi esta a providência inicial do governador, que escolheu sítio conveniente não longe da antiga povoação de Pereira Coutinho, a qual, como dissemos, passou a se chamar Vila Velha e acabou absorvida pela nova. A princípio cuidou Tomé de Sousa de erguer a usual caiçara, ou cerca de pau-a-pique, que viesse proteger contra os índios bravos os que trabalhavam na ereção da cidade. No recinto de tal cercado se levantaram as habitações provisórias dos trabalhadores, provavelmente de taipa, ao jeito luso, mas cobertas de palma, ao "modo do gentio". Sempre a mesma fusão de técnicas, levada a efeito pelo prudente colonizador em todos os setores da sua ação.

Protegidos, começaram os portugueses os muros da cidade, que foram de taipa grossa com seis baluartes providos de artilharia. Traçaram-se, em seguida, as ruas, com casas melhores, inclusive a primeira igreja e colégio dos jesuítas (é sabido que a Companhia tinha iniciado com Tomé de Sousa a conquista espiritual do Brasil), casa da Câmara e cadeia, casa dos Contos, armazéns etc. A maioria das casas seria de taipa, mas as melhores já eram de pedra e cal, cobertas de telha. Cal havia à mão, nas ostreiras e sambaquis das praias. Telhas eram fabricadas por meia dúzia de entendidos. Também trabalharam numerosos pedreiros, carpinteiros, caieiros e outros oficiais. O mestre de obras, cujo nome merece ser lembrado, foi Luís Dias, cavaleiro da casa real.

A igreja primitiva dos jesuítas era de taipa de mão, coberta de palha. Já em 1552, informa Nóbrega, estava caindo. Mas, embora partindo de tão modesto princípio, os jesuítas, a contar da metade do século, começam a adquirir, com as suas construções, primordial importância para o nosso estudo. Iniciemos pela capitania de São Vicente a exposição do que se deu a este respeito a partir da carta de Nóbrega, a que aludimos.

Em 1553, os padres, saídos da ilha de São Vicente, tinham duas residências em cima da serra: uma em Piratininga e outra em Maniçoba. Neste mesmo ano, Nóbrega informa em carta que havia em S. Vicente "grande casa e muito boa igreja", sendo que, quanto a esta última, nem em Portugal a Companhia tinha outra que se lhe comparasse. No início de 1554, Nóbrega resolveu ampliar os serviço de catequese nos dois locais. No dia da conversão de S. Paulo (25 de janeiro) disse a primeira missa na casa de

Piratininga, que tomaria o nome do grande apóstolo e estava destinada a ser uma das maiores cidades do continente. Rapidamente cresceu São Paulo, absorvendo a velha povoação (Santo André), fundada por Martim Afonso ao mesmo tempo que São Vicente. A casa primitiva de São Paulo de Piratininga era de "barro e pau, coberta de palha", diz Anchieta. A nova, construída sob a direção do padre Afonso Brás, também era de taipa, e ao lado dela se fez a igreja de taipa de pilão. Tinha uma cerca formosa, com árvores de fruta e flor. Afonso Brás, diz com razão o ilustre Serafim Leite, deve ser considerado o primeiro arquiteto de São Paulo. Fez ele, também, casas para os catecúmenos, "à maneira de Portugal", o que já indica progresso e melhoria das instalações. Muitas casas, em 1556, já tinham boa aparência e eram cobertas com telhas.

A outra residência dos padres, a chamada Maniçoba, é muito provavelmente a atual cidade de Itu.

Não será inoportuno recordar aqui que a expansão jesuítica para o interior, na capitania de São Vicente, que tão grande importância teve no futuro do Brasil, foi em parte motivada pela luta que os padres da Companhia mantinham com o bispo e o clero secular da Bahia. "A esta capitania", escreve Nóbrega, de São Vicente, "deveriam vir, porque nas outras já creio que se fará pouco mais que ensinar meninos, porque o bispo leva outros modos de proceder com os quais creio que não tirarão pecados e se roubará a gente de quanto dinheiro puderem ganhar e se destruirá a terra."

Vamos agora percorrer a costa, no sentido sul-norte, a partir de São Vicente, para observar o que de mais importante ocorreu dos meados até o fim do século:

Em São Vicente mesmo, ao sul das duas vilas litorâneas, Francisco de Morais, empregado de Martim Afonso, aproveitando o local onde já existiam provavelmente alguns moradores, fundou, em 1561, Itanhaém. A vila primitiva de São Vicente fundada por Martim Afonso, que, como vimos, tinha mudado um pouco de lugar, foi arrasada e queimada por Cavendish, no Natal de 1591. Santos também foi assaltada e destruída pelo pirata inglês; mas, ao contrário da infeliz São Vicente, que havia muito estava decaindo, voltou a vila de Brás Cubas a prosperar, chegando no fim do século a ter 80 casas, além de duas fortalezas importantes.

São Paulo, ao terminar a centúria, teria 150 casas e 1.500 almas. Quatro eram as igrejas: de S. Francisco, de S. Bento, do Carmo e de Jesus. As ruas, escassas e os largos somente em frente aos conventos. Muitas casas de sapé, mas no centro já eram de taipa e telhas, embora de um só pavimento. Só no século seguinte começam os sobrados. Nas roças próximas as casas eram melhores que na vila, notando-se assim, em São Paulo como em muitos outros pontos, aquela preponderância do campo sobre a cidade, que já tem sido acentuada, no início da nossa civilização, o que não se choca com a nossa observação relativa à agricultura sem ruralismo. São Paulo já era então a maior vila da capitania, primazia que chegou a perder no século XVIII, como veremos. Itanhaém, a povoação mais meridional da costa, teria umas 50 casas. À beira-mar, mais ao sul de Santos, a região cananéia já era habitada por brancos desde muito. A vila de Cananéia foi criada em 1587.

Mas foi mais ao norte, na vizinha baía do Rio de Janeiro, que ocorreram os sucessos mais importantes daqueles anos da centúria.

Em 1555, os franceses, sob o comando de Villegaignon, se estabeleceram na baía de Guanabara, onde desde 1552 os portugueses estavam querendo fundar uma povoação, embora não tivessem levado a cabo o intento. Apesar de bem situada, bem abrigada e fértil, o fracasso de Pero de Góis nas suas lutas contra os índios tinha deixado praticamente indefesa a capitania. Villegaignon instalou-se, assim, com a sua gente, sem dificuldade, O principal núcleo dos franceses estava situado na ilha que se chamou a princípio das Palmeiras e também Seregipe, onde Villegaignon, com o auxílio de escravos índios, construiu uma importante fortaleza de pedra. Tão importante que Mem de Sá, quando a ocupou, disse que era a mais poderosa do mundo. Era essa fortaleza de pedra, tijolo e argamassa, e além dela havia várias casas na ilha, para os ocupantes, construídas à maneira dos índios, isto é, de paus roliços e cobertas de palha de capim.

Jean de Léry, a quem devemos estas informações, acrescenta que a casa de Villegaignon, situada no meio da ilha, era melhor, e que as muralhas sobre as quais se assentava a artilharia eram também de argamassa de pedra. Além destas instalações, poderosas para a época, contavam ainda os franceses com dois fortins: um sobre outra ilha e o segundo no continente junto à aguada chamada Carioca. Este fortim é que, possivelmente, terá sido construído no local e sobre os restos de outro, feito por Martim Afonso, como já dissemos. O padre Thevet, fecundo narrador, fala em uma povoação existente em terra firme e à qual nomeia pomposamente Henriville. Mas o protestante Léry, incontestavelmente mais veraz, desmente e até ridiculariza a imaginosa informação. Pensamos que aqui, e onde quer que haja discordância entre os dois escritores, a razão está com o calvinista.

Breve, os portugueses se preparam para oferecer luta e desalojar os atrevidos invasores. Em 1560, Mem de Sá, à frente de poderosa armada, entra na Guanabara e expulsa os franceses da ilha, destruindo a fortaleza. Mas a situação da capitania não ficou tranqüila, pois os índios aliados dos franceses continuavam hostis e os próprios franceses rondavam ainda pela costa. Tornou-se necessário povoar a região e, para isto, em 1º de março de 1565, Estácio de Sá, sobrinho do Governador-Geral, estabeleceu-se com numerosos portugueses no istmo que liga o morro Cara de Cão ao Pão de Açúcar, fundando ali o arraial de São Sebastião do Rio de Janeiro.

No início foi um simples acampamento militar, contra os tamoios. Ergueram-se tejupares, "que são umas tendas ou choupanas de palha", na expressão de frei Vicente, e fizeram-se baluartes e trincheiras de madeira e terra, providos de bocas de fogo

As guaritas dos baluartes, informa Anchieta, eram de taipa de mão, mas já cobertas com telhas, vindas de São Vicente, provavelmente para defesa contra as setas incendiárias. Os "índios mamelucos," diz ainda o padre (quer dizer, os índios mestiços de brancos), "é que faziam as suas casas de madeira e barro e cobertas com umas palmas". Mestiçagem de sangue e mestiçagem de técnicas, a casa de barro, dos lusos, cobertas com as palmas dos índios. Note-se que as palmas usadas eram "feitas e cavadas como calhas e telhas, que é grande defensão contra o fogo".

Construiu-se também uma pobre capela, onde foi enterrado o fundador, e por fora da cerca foram plantados legumes e cereais.

Em 1567, chega Mem de Sá de novo ao Rio e resolve levar a cidade para uma eminência mais alta e mais bem defendida. Escolheu o morro depois chamado do Castelo e, antes do Descanso, da Sé, de São Sebastião e de São Januário.

Derrubadas as matas do alto do morro, logo ali se levantaram as indispensáveis fortificações e muralhas. Outros fortins foram também erguidos na entrada da barra e na ponta hoje chamada de Calabouço, para defender a cidade contra as frotas e desembarques. As casas eram a princípio de taipa, mas a sé foi feita em boas proporções, "de três naves e também telhada". A casa da Câmara era igualmente "assobradada, telhada e grande", e a cadeia, armazéns, alfândega, bem como várias casas particulares, tinham sobrados, coberturas de telhas e varandas.

Em 1567 já havia na nova cidade mais de 150 mercadores e muitos deles com suas mulheres.

Em breve, graças a esmolas e a diferentes fontes de renda, os jesuítas foram melhorando as suas instalações. Com o auxílio dos índios aldeados nas proximidades, substituíram as antigas construções de taipa por sólidos e grandes edifícios de pedra e cal, destinados à igreja e ao colégio.

Ficando em paz a terra, foi se desenvolvendo aos poucos a cidade pelas abas e faldas do morro do Castelo e se estendendo para dentro da baía, à beira-mar. O morro é que se despovoava agora. Os moradores que lá ficavam o faziam principalmente por causa da igreja e do colégio da Companhia. Mas outros edifícios importantes de pedra e cal, como o convento do Carmo ou a Misericórdia, já eram construídos nas várzeas junto ao mar. Restos desses veneráveis edifícios do século XVI ainda existem, sendo que o antigo convento do Carmo, depois cortado pela abertura da Rua 7 de

Setembro e ligado ao paço, vai ser breve demolido.[1] Esperemos que se possa defender a Misericórdia.

As torres e muralhas do Castelo, tanto no tempo de Mem de Sá como depois, eram de taipa.

O Espírito Santo, cujo desenvolvimento fora turbado, como vimos, pelas lutas com os bárbaros, não se arrancara ainda do letargo em que tinha permanecido.

Os jesuítas ali se instalaram desde 1551. A princípio, diz o padre Afonso Brás, se acolheram numa pobre casa, que mandaram fazer, coberta de palha e sem paredes. Mas já cuidavam de erigir uma ermida.

A nova vila foi fundada na ilha que o primeiro donatário do Espírito Santo doara a Duarte Lemos e que tomara este nome. No Governo de Mem de Sá o bravo Diogo de Moura conseguiu levar a melhor na longa e incerta luta contra os índios que infestavam a capitania, inclusive a ilha. Em comemoração ao sucesso, resolveram os vencedores fundar, provavelmente no local já povoado da ilha de Duarte Lemos, um novo arraial, que tomou o nome simbólico de Vitória. Tal como se dera na Bahia e no Rio de Janeiro, a primeira povoação do Espírito Santo ficou sendo chamada Vila Velha. Tanto a Vila Velha como a nova vila de Vitória eram aldeias paupérrimas. Uma nave francesa que vinha carregar pau-brasil era o suficiente para pôr em pânico a escassa povoação, informa uma curiosa carta jesuítica de autor anônimo.

Outro padre da Companhia relata, em 1562, que os franceses, expulsos do Rio por Mem de Sá, costumavam ameaçar a vila, infundindo terror aos habitantes "por serem os moradores poucos, as casas cobertas de palha e sem fortaleza".

Apesar disto, a vida não seria difícil, em matéria de alimentação, pois Gandavo conta que a ilha de Vitória era muito rica em caça e pescado. Não é assunto do nosso curso fazer menção das

---

[1] Felizmente o antigo convento do Carmo, cuja demolição estava assentada em 1941, pôde ser preservado. (Nota de 1971.)

aldeias de índios. A de Reritiba, no Espírito Santo, merece, porém, citação especial, pois aí morreu Anchieta, em 1597.

As vilas de Porto Seguro estavam mais ou menos na mesma. Os jesuítas cedo se estabeleceram na capitania, mas ela não progrediu muito. Em 1553 conta o padre Navarro que lavraram na vila principal incêndios criminosos, que queimaram quase tudo "muros a dentro". Isto nos mostra que a vila era defendida por muros. Mas também nos mostra que as casas eram cobertas de palha, pela facilidade com que arderam cinqüenta e tantas. Aliás, a cobertura de palha aparece claramente naquele trecho em que o padre diz, tratando de um dos principais da terra: "...se lhe pegou fogo na cumieira da sua casa e se queimou toda, e o que tinha nela". Se um principal morava assim, pode-se fazer idéia dos demais. Dez anos depois, em 1563, as casas não tinham mudado. O padre Antônio Gonçalves fala nas duas vilas, uma, aliás, com igreja. Mas escreve que a terra era muito pobre e que por vezes até faltava o que comer. E Fernão Cardim, que por ali passou em 1583, nos descreve as duas vilas, situadas a pequena distância uma da outra, como pequenas e pobres. Teriam umas 40 casas cada uma.

Em Ilhéus é que os padres construíram, entre 1563 e 1572, uma bela casa, com importante igreja de pedra e cal. Diz Gabriel Soares que a vila de São José dos Ilhéus chegou, na segunda metade do século, a ser muito rica, com 500 moradores brancos e um colégio de beneditinos, além dos jesuítas. Teve também vários engenhos. A vida torna-se contudo difícil, por causa dos aimorés, e daí decorrem o despovoamento e a decadência em que a encontramos no fim do século.

A formosa Bahia, cabeça do Brasil, continuava sempre prosperando, desde que ali se instalara o Governo-Geral, e não perdeu no século XVI a sua primazia de fato, apesar da temporária criação de um Governo no sul, com sede no Rio de Janeiro. Tentativa que durou somente uma meia dúzia de anos, entre 1570 e 1580.

Temos boas informações sobre a Bahia, entre 1580 e 1590, fornecidas por Cardim e Gabriel Soares. Sabemos que teria a cidade, com o seu Recôncavo, cerca de 15.000 habitantes, ou seja, um quarto de todo o Brasil colonizado, sendo 3.000 brancos, 4.000 negros e 8.000 índios. Já tinham ruído os muros de taipa levantados por Tomé de Sousa, que marcavam o perímetro da antiga cidade, e esta se estendera consideravelmente além de tais limites. Ostentava uma grande praça, em que se reuniam os mais importantes edifícios públicos e particulares: casa do Governo, alfândega, Câmara e cadeia, armazéns e outros, além do pelourinho. Dois caminhos em rampa ligavam a cidade alta ao porto. As ruas mais consideráveis eram a dos Mercadores, que ia da sé ao Terreiro de Jesus, onde estava o colégio da Companhia; outra que ligava os jesuítas aos franciscanos; outra que ia da praça do palácio até à igreja de Santa Luzia, e, finalmente, mais uma que deste último local seguia até à Ajuda. Várias ruas menores havia, além das referidas. As casas se esparziam no meio de amplos jardins com árvores de flor e tinham também pomares ricos em coqueiros, tamareiras, figueiras, laranjeiras, romãzeiras e parreiras.

As cercas dos conventos desciam graciosamente as encostas com os seus quintais bem regados, cheios de árvores de espinho carregadas de lindas frutas. No interior a prosperidade igualmente se estendia. Depois do primeiro engenho, de que Nóbrega nos dá notícia em 1557, muitos outros se foram constituindo.

Garcia d'Ávila, o grande potentado, encontrava-se principescamente estabelecido em Tatuapara, na admirável casa-forte da sua grande fazenda, autêntico castelo americano.[2] O conjunto formava uma "verdadeira povoação, com grande edifícios de casas de sua vivenda e uma igreja particular de Nossa Senhora, mui ornada e toda de abóbada". Se é certo este detalhe não o serão as afirmativas que pretendem indicar a igreja setecentista de São Pedro, do Rio de Janeiro, como a primeira de abóbada que se construiu no país. À informação de Soares podemos ajuntar a de Cardim, que diz que a igreja particular de Garcia d'Ávila era a mais formosa do Brasil,

---

[2] Do antigo castelo de Garcia d'Ávila restam hoje poucos elementos, incorporados a construções mais recentes.

"feita toda de estuque e tim-tim de obra maravilhosa de molduras, laçarias e cornijas". Além desta, outra fazenda com ermida tinha Garcia d'Ávila para o sertão, adiante da de Sebastião Luís, que era também mui bela e com igreja própria, igualmente.

E Soares, maliciosamente, como bom adversário dos jesuítas, acrescenta: No rio Vermelho, "pela terra a dentro duas léguas, têm os padres da Companhia uma grossa fazenda com dois currais de vacas, em a qual têm uma casa de refrigério, onde se vão convalescer das enfermidades e levam a folgar os governadores; onde têm um jardim muito fresco, com um formoso tanque de água..." Há, de resto, outras alusões do cronista à riqueza das instalações dos padres da Companhia.

Não devemos esquecer tampouco o luxo em que vivia Baltasar de Aragão, o famoso "Mangue-la-botte" de Pyrard de Laval, senhor rural que se deleitava com uma orquestra particular de escravos.

Para o norte, entre Bahia e Pernambuco, as zonas civilizadas se estendiam, as povoações dos engenhos se alternando com as plantações e aldeias de índios mansos. Os engenhos eram ainda toscos, na maioria. Outros, contudo, pareciam já consideráveis. Havia os de água, moentes e correntes, rasteiros e copeiros, segundo recebiam a água por baixo, em roda horizontal, ou por cima, em roda vertical; havia os movidos a bois, também chamados trapiches, todos com as suas casas de brancos, cubatas e ranchos de escravos negros e índios, além da capela. Alguns tinham pontes, por onde passavam carros, coisa de se notar.

Os engenhos de Pernambuco eram via de regra maiores que os da Bahia. E também em dobrado número, pois que lá passavam dos 60, enquanto aqui nem a 40 tinham atingido. Na rica terra de Duarte Coelho a mais importante povoação, no fim do século XVI, ainda era Olinda. Teria então 2.000 habitantes brancos, entre vila e termo, com muita escravaria, sendo que, ao contrário do que se dava na Bahia, era ali mais numerosa a preta do que a índia.

Os engenhos possuíam 20 e 30 moradores brancos, fora os que se isolavam nas roças, plantando mantimento e cana.

Igaraçu, segunda vila da capitania, não teria mais de 20 moradores brancos, ao passo que o Recife não era então mais que um pobre arraial de pescadores.

Chegamos agora ao ponto de examinar como se processou o avanço da civilização nas outras zonas do Nordeste, que ela atingiu ainda dentro do século XVI.

Comecemos cronologicamente pela Paraíba. Desde 1570, sucediam-se nesta região as lutas entre os índios amotinados pelos franceses, que desejavam prosseguir no comércio clandestino de pau-brasil, e os portugueses estabelecidos com engenhos. Infrutíferas foram as tentativas do Governo-Geral para conter a situação. Em 1579 João Tavares, a mando do governador de Pernambuco, chega a fundar, na ilha situada ao centro da foz do rio Paraíba, perto da atual Cabedelo, um fortim de madeira como posto avançado contra os bárbaros. A tentativa não produziu resultado. Depois disto, Frutuoso Barbosa, rico homem de Pernambuco, procurou inutilmente durante anos, com fortes expedições, colonizar a Paraíba. Em 1584, ele e d. Filipe de Moura vieram de Olinda, com uma coluna de 1.000 combatentes, enquanto Diogo Flores seguia por mar. Expulsaram franceses encontrados no rio Paraíba e aí fundaram um segundo forte. Mas, hostilizados pelos índios, amigos dos "mair" abandonaram no ano seguinte a fortaleza e volveram a Olinda.

Resolveu-se dominar a situação. Em fins de 1585, Martim Leitão, que já lutava na Paraíba, veio com grande número de soldados, famílias, índios e também padres da Companhia e fundou uma cidade, um pouco afastada do mar, sob a invocação de N. S. das Neves, a que deu o nome de Filipéia, em honra ao rei espanhol das duas Coroas. As primeiras construções foram um forte, com guaritas e baluartes, tendo sobre a porta uma torre com duas varandas, para o capitão; uma igreja matriz e uma capela. Também foram erigidos casa de cadeia, casa de almoxarife, Câmara e açougue, assim como armazéns de açúcar. Cristóvão Lins foi o primeiro arquiteto urbanista da Filipéia. Rapidamente foi se formando a rua que ainda hoje é conhecida com o nome de Nova. Expulsos definitivamente os franceses, a paz sem ameaças permitiu rápido crescimento da cidade.

Os franceses, além do fortim de que foram expulsos, tinham também oficinas de fabricação de ferramentas de uso nas feitorias e lavouras. É possível que a posse de tais oficinas tenha facilitado o surto do progresso da nova colônia.

Em 1586, segundo Irineu Pinto, ou 1590, segundo Jaboatão, foi construído o forte de Cabedelo, à beira-mar. Talvez tenha se iniciado no primeiro ano e concluído no segundo. Em 1590 foi construído, em taipa, o forte de Inhomim. Em 1589 os franciscanos se estabeleceram no seu convento, de onde logo entraram em choque com os jesuítas, por questões de jurisdição sobre a indiada. A Coroa, evidentemente favorável aos capuchos, mandou para fora da capitania, em 1593, os filhos de Santo Inácio.

Cabedelo e Inhomim foram reconstruídos em 1591, o primeiro por ter sido queimado e o segundo, de taipa, porque estava caindo.

Em 1590, Cristóvão de Barros, filho de Antônio Cardoso de Barros, o antigo donatário do Maranhão e provedor da Fazenda na Bahia, resolveu dar combate aos índios do rio Real e aos franceses, seus aliados. Eis a origem da colonização de Sergipe. Cristóvão de Barros funda, então, uma povoação com fortaleza, chamada São Cristóvão, na barra do rio Sergipe ou Cotingüiba. Continuando as ameaças dos franceses e sendo desfavorável a posição do forte, foi mudada a povoação para ponto mais defensável (1595-1596). O local escolhido foi um outeiro, à margem do rio Puxim, ou Coxim.

Com o Rio Grande do Norte se encerra o ciclo expansionista da civilização brasileira, no século XVI. Os franceses, eternos inimigos, expulsos pelos portugueses da Paraíba e do Sergipe, passaram a ameaçar o Rio Grande do Norte, forçando assim os portugueses a cumprir as instantes recomendações da Coroa no sentido de que se colonizasse esta região. Organiza-se um poderoso movimento expedicionário, contando com a colaboração da Bahia, Pernambuco, Paraíba e comandada pelos capitães-mores destas duas últimas capitanias, Manuel Mascarenhas e Feliciano

Coelho. Em princípios de 1598, chegam as forças ao Rio Grande, vindas por mar e por terra. Abrigam-se numa cerca de madeira e começam logo a ser atacadas pelos franceses e índios. Junto à barra do rio, à margem direita, constroem o forte dos Reis Magos, onde se estabelecem. Mas, no ano seguinte, Jerônimo de Albuquerque, que ficara de capitão, resolve construir uma povoação a menos de uma légua para cima da barra. Esta foi a povoação de Natal. Pouco se sabe sobre os trabalhos de seu início, que devem ter sido muito rudimentares. As casas deviam ser ranchos de folhas ou casebres de taipa. É possível que o núcleo primitivo da povoação se tivesse formado espontaneamente, sob a proteção do forte, e que Jerônimo de Albuquerque tivesse apenas aproveitado o local para a fundação da futura vila.

Não podemos esquecer o nome do construtor do admirável forte dos Reis Magos, venerável relíquia ainda hoje existente, embora, como é natural, muito alterada: foi o engenheiro jesuíta Gaspar de Sanpères.

Já agora nos é possível, a fim de terminarmos o capítulo, fazer uma revisão geral e retrospectiva do século. Podemos dividi-lo em três períodos distintos: o das feitorias, no qual o esforço civilizador se caracterizou pela iniciativa individual, fragmentária e tateante, apenas assistida de longe pela Coroa; o das capitanias, consecutivo à expedição preparatória de Martim Afonso, que foi um período em que a iniciativa e os recursos privados ainda predominaram, embora impulsionados mais de perto pela ação e o interesse da Coroa; e, finalmente, o dos Governos-Gerais, únicos ou duplos, no qual evidentemente o Estado é que chama a si a tarefa de civilizar o Brasil, se bem que aceite e até solicite a colaboração dos particulares que lha oferecerem.

As povoações e cidades se acolheram nas dobras mais protegidas da costa, geralmente lisa e pouco hospitaleira.

A arquitetura, tanto a pobre quanto a rica, foi, como lembra Lúcio Costa, de influência decisivamente popular, e não erudita nem requintada. Daí, segundo o mesmo escritor, as suas apreciáveis qualidades de simplicidade, pureza e robustez.

Como é evidente, as casas foram melhorando consideravelmente dos meados para o fim do século. Aumentavam em tamanho e conforto; e, de quase pardieiros que eram, se foram transformando em habitações mais compatíveis com o progresso da polícia social. "Quanto às casas em que vivem", diz Gandavo, "de cada vez vão se fazendo mais custosas e de melhores edifícios: porque, em princípio, não havia outras na terra senão de taipa e térreas, cobertas somente com palma. E agora há já muitas sobradadas e de pedra e cal, telhadas e forradas como as deste Reino, das quais há ruas mui compridas e fermosas nas mais das povoações de que fiz menção."

As casas rurais dos engenhos é que continuavam guardando as suas linhas de casas fortes, por causa do risco dos índios. Até ao fim do século ainda se faziam casas-grandes fortificadas, como, por exemplo, a que o pomposo Duarte Gomes da Silveira fez construir em 1591 no seu engenho da Paraíba, segundo nos conta o prestante Jaboatão.

Caminhos sempre péssimos. Um pouco melhores seriam as estradas quase urbanas, como a que Jorge Dias construiu ligando a nova cidade do Salvador à Ribeira dos Pescadores. Mas já em São Vicente as trilhas que galgavam a serra do Paranapiacaba, tanto a anterior, usada até 1560, como o caminho depois chamado do "padre José", empregado por ordem de Mem de Sá a partir daquela data, eram dos piores do mundo. Pouco necessários, aliás, se tornavam esses caminhos, num país derramado pelas praias e tendo sempre aberta, entre as cidades costeiras, a estrada larga do oceano.

Os transportes de passageiros se faziam em cavalos, palanquins (moda trazida da Ásia) ou serpentinas, que eram espécies de redes sustentadas por um longo varal pousado nos ombros de dois negros. As carruagens parece que não são referidas nem pelos autores do século XVII. Havia carros puxados por bois, para transporte de canas nos engenhos.

Quanto à população, temos por boa a estimativa de Rio Branco, que, fundado nas informações de Anchieta, calculava o total dos habitantes do Brasil colonizado, ao findar do século XVI, em 60.000, dos quais 25.000 brancos e o resto índios, pretos e mestiços, sendo que havia mais índios do que pretos. Mais de dois terços desse total se encontravam concentrados da Bahia para o norte, principalmente até Pernambuco. Fator que, ligado a dados que temos sobre as cidades e os engenhos da mesma região, em comparação com os do sul, nos demonstra irretorquivelmente, que, se no século XVI a civilização brasileira foi litorânea, a zona mais civilizada do litoral estava no setentrião.

SÉCULO XVII

O século XVII foi, porventura o mais importante da nossa História Colonial, pois nele se deu a consolidação do domínio luso no litoral, com a expulsão dos invasores, e, no interior, a parte decisiva da conquista do sertão.

No início daquele século não ia a população total do Brasil português a mais de 100.000 habitantes, dos quais talvez menos de metade eram europeus. Em algumas capitanias, onde mais se desenvolvera o fabrico do açúcar, o número de escravos negros já era maior que o de índios.

A costa chamada leste-oeste, que corre da curva do Rio Grande do Norte até ao Amazonas, só foi efetivamente conquistada no século XVII. Já relatamos também como as tentativas anteriores, por essas bandas, não lograram resultado apreciável. A conquista do Rio Grande do Norte encerrou, já vimos, o ciclo expansionista do século XVI. Com o despontar da centúria imediata, iniciou-se o movimento litorâneo, na direção de oeste. Chegara a vez das terras do Ceará.

Parece que na costa cearense já tinha sido fundado um presídio, pelos antigos donatários, na malograda expedição do século XVI. Também existiam esparsos, próximos à costa, redutos de brancos, desgarrados às frouxas malhas da lei, e de escravos fugidos.

As expedições de conquista organizada tiveram, porém, início em 1603, com a dramática aventura de Pero Coelho, o infortunado herói. Em 1607, os jesuítas tentaram igualmente uma penetração, com os padres Francisco Pinto e Luís Figueira. Tentativa que resultou em martírio do primeiro, às mãos dos índios. Em 1611, Martim Soares Moreno, o "guerreiro branco" de Alencar, apoiado pelo governador-geral, veio com sua gente fundar uma povoação no litoral do Ceará, sob a proteção de N. Sª do Amparo, sendo as suas obras iniciais, segundo Berredo, "uma decente igreja, para a qual já levava capelão com os ornamentos necessários" e "um forte da mesma invocação, muito capaz de duzentos soldados". Esta é a origem da atual Fortaleza.

Os núcleos primitivos de aventureiros estavam localizados nas férteis matas da serra de Ibiapaba, na divisa com o Piauí, junto ao mar. O resto da zona litorânea era pouco freqüentado, mesmo pelo gentio, por ser a costa lisa, o clima seco, a terra árida. Os índios não encontravam ali facilidades de caça. E os franceses não se aproximavam de onde não havia índios, para comerciar.

Vegetou obscuramente a povoação de Martim Soares Moreno, até que os holandeses, contando com a benevolência dos índios, em 1637 atacaram o forte, que era de pedra insossa, e tomaram a cidade. Segundo Barléu, ela se resumia quase que no próprio forte. Além deste havia, fora do âmbito, a casa do governador e mais algumas esparsas, de moradores. Aliás, a gravura de Fortaleza, que orna o livro de Barléu, nos mostra mesmo qualquer coisa como um grande engenho, e não uma cidade.

Acima do Ceará ficava o Maranhão, inexplorada zona para a qual os portugueses voltaram a atenção, como sempre, em conseqüência da cobiça francesa. O sonho de estabelecimento no Novo Mundo austral levou a França, desde princípio do século XVI, a ser uma espécie de provocadora do dinamismo colonial luso. Neste sentido as ameaças francesas constituíram para nós antes um benefício do que um prejuízo. Graças a ela estimularam-se as providências defensivas por toda a costa e através de tais providências foi se expandindo, afinal de contas, a civilização e se consolidando a unidade.

Expulsos e derrotados em todas as tentativas de fixação na costa oriental, voltaram os franceses os olhos para a costa leste-oeste, preparando uma empresa de grande envergadura. Depois de preparativos preliminares de todos conhecidos — cujo relato pertence mais à História Política —, organizou o Governo regido por Maria de Médicis uma expedição, cujo comando entregou a Rasilly e La Ravardière e que aportou na ilha do Maranhão (chamada a princípio da Trindade e depois das Vacas) em meados de 1612.

A noroeste da ilha, escolheu La Ravardière o local para erigir a sua cerca fortificada. Nos arredores havia mais de 20 aldeias de índios e também feitorias clandestinas de piratas franceses, estabelecimentos esses anteriores à chegada da expedição invasora. Numa de tais feitorias tinha residência o francês Manoir, que se acamaradou com os patrícios recém-chegados, oferecendo-lhes, diz Berredo, "um festival ao uso de França, com mesa tão magnífica que se esqueceram todos dos regalos da Europa".

Na ilha ficaram os franceses os primeiros dias abrigados debaixo de frondosas árvores, que desciam pelas encostas quase até ao mar. Depois os índios fizeram, para uso deles, cabanas de madeira e folhas de palmeira e também cobertas com palmas. Começou a derrubada das imensas florestas próximas. Erigiram-se um fortim e um armazém de mercadorias. Também se cuidou logo de levantar um convento provisório de S. Francisco, para aposentar os missionários da ordem que acompanhavam a expedição e os seus catecúmenos, tendo também se erguido um pequeno templo, consagrado a S. Francisco de Assis. Não é demais salientar aqui que os padres Claude d'Abeville e Yves d'Evreux nos deixaram duas das mais valiosas e deliciosas crônicas que temos sobre o século XVII brasileiro. Na nossa opinião, comparam-se aos melhores livros escritos durante o domínio holandês.

Ao estabelecimento dos franceses prestaram os índios imenso auxílio. Atraídos pela novidade, trabalhavam de forma surpreendente. Derrubando, cortando e transportando troncos enormes, auxiliando eficientemente nas diversas etapas da construção, em poucos dias possibilitaram o acabamento de edifícios naturalmente simples, mas relativamente grandes, como a casa de S. Francisco. Aliás, os franceses pouco tempo tiveram para edificar a cidade e é natural que só tenham, no curto espaço em que dominaram o Maranhão, construído edifícios de utilidade estritamente militar, ou os indispensáveis alojamentos para os expedicionários. Apenas um ano depois de chegados, começaram a ser hostilizados pelos portugueses, que, comandados por Jerônimo de Albuquerque, vieram se instalar junto à ilha. No lugar chamado Guaxinduba, sito no continente, o "engenheiro de Estado Francisco de Frias dirigiu a construção de um forte chamado de Santa Maria ou da Natividade de Nossa Senhora". Note-se já a presença de um engenheiro em tal empreendimento.

De tal forte partiram os ataques que forçaram os franceses a pedir armistício. Prolongou-se este, à espera da decisão das duas Coroas, até 1615, quando chegaram novas tropas portuguesas, sob o comando de Alexandre de Moura. Os franceses capitularam então, entregando o forte primitivo e mais outro, chamado de São Luís, nome depois estendido à cidade. Trataram logo os portugueses de erguer na ilha uma igreja matriz, sob a invocação da Senhora da Vitória, e de organizar melhor a cidade, provendo-a de administração, à qual foi concedida uma légua de patrimônio. As antigas construções dos capuchos franceses passaram aos padres portugueses da mesma ordem e destes aos jesuítas, que nesse local construíram o seu primeiro colégio e a respectiva igreja. Esta foi feita ainda antes de 1630 e era o único edifício de pedra e cal da cidade, naqueles primeiros tempos. Na última década do século, os jesuítas começaram a ereção do seu segundo templo, no mesmo local do primeiro, terminado em 1699.

Sabe-se que em 1626 o governador Francisco Coelho de Carvalho reconstruiu a fortaleza de São Filipe, fazendo-a em pedra e cal, quando era de fachina (vergas amarradas umas às outras), com acomodações para si. Este forte foi desmantelado pelos holandeses, segundo informa Maurício de Heriarte na sua *Descrição do Estado do Maranhão*.

Até o tempo da ocupação holandesa (1641-1643), São Luís era uma pequena cidade encerrada dentro de muros, com um forte, uma igreja matriz, talvez mais algumas, outra capela e casas esparsas em arremedos de ruas. Nas ilhas havia três engenhos de açúcar e duas povoações pequenas. A cidade progrediu, mas não muito, até fim do século. Os padres Bettendorf e Sousa Ferreira concordam nestes dados, quando descrevem São Luís. O último louva a formosura das igrejas, sobretudo a mais nova, de N. Sª da Luz, que parece ter sido a única de pedra e cal. Em 1692, o governador Antônio de Albuquerque (o futuro fundador de Vila Rica) mandou fazer uma bela fortaleza de pedra e cal. O padre Sousa Ferreira, na sua *América Abreviada*, nos informa aliás que, no declínio do seculo, São Luís, que tão pouco progredira, estava decadente. A cidade contava 600 e tantos vizinhos "em muita pobreza". Dominavam as construções eclesiásticas: uma matriz, quatro conventos, além de outras igrejas menores. Afora isto, os mais notáveis prédios eram a Casa da Misericórdia e um colégio.

Para a banda do norte, em terra firme, ficava a pequena vila de Santo Antônio de Alcântara, antes chamada Tapuitapera. Depois dela, no meio do caminho entre São Luís e o Pará, ficava a povoação de Gurupi. Como a outra, não chegaria a 200 vizinhos.

Ao Maranhão seguia-se o Pará, de colonização mais recente. Foi com efeito em janeiro de 1616 que Francisco Caldeira Castelo Branco, primeiro governador da nova capitania do Pará, saído do Maranhão pelo Natal do ano anterior, chegou à baía de Guajará, na foz do Amazonas, onde resolveu construir uma residência fortificada. Ergueu, no começo, um fortim de taipa com muros, dentro de cujo recinto se abrigou com a sua gente, dando ao estabelecimento o nome de Presépio de Belém. Três anos depois, pacificadas ou dominadas as tribos próximas, estendeu-se a povoação,

Em 1621 o novo governador, Bento Maciel Parente, construiu casa mais decorosa para sua residência, a qual foi poucos anos depois doada aos carmelitas, que nela fundaram o primeiro convento da cidade. Os estrangeiros já tinham a vista em cima do Pará, desde cedo. Em 1616, os holandeses se haviam estabelecido com uma pequena colônia à margem esquerda do grande rio, quase junto à sua confluência com o Paru, vizinho ao delta, mais ou menos onde se acha hoje, segundo carta de Rio Branco, a vila Almeirim. Esta colônia só foi destruída em 1623. Dois anos depois, em 1625, os portugueses atacaram e venceram outro forte holandês, desta vez na margem direita do Amazonas e já quase em cima da sua foz, pois estava no desaguadouro do Xingu. Junto do forte holandês havia três fortins ingleses, que foram igualmente capturados. Em meados do século, Belém era uma pequena cidade de meio milhar de moradores, dividida em dois bairros, com menos de uma dúzia de ruas lamacentas e cheias de mato, bordadas de casas quase todas de barro e cobertas de palha. Uma praça com igreja, a casa da Câmara, uma fortaleza de taipa, mais quatro ou cinco igrejas e três conventos pobres completavam o conjunto urbanístico. A distâncias variáveis da cidade ficavam as aldeias de índios, núcleos de futuras cidades, e os engenhos à margem do rio. Outra residência para o governador (que sempre assistia no Pará) foi iniciada em 1676. Era um sobradão de taipa de pilão, com mais de uma dúzia de janelas na fachada, o qual foi demolido no século XVIII.

A chegada, no mesmo ano de 1676, de 50 famílias portuguesas ilhoas deve ter contribuído para estimular o progresso da cidade.

No fim do século Belém teria pouco mais de duas dúzias de logradouros. As ruas não eram a princípio calçadas, e é possível que os holandeses tenham sido introdutores deste melhoramento. Afora Belém, podemos indicar, no Pará, a existência das vilas de Bragança, 30 léguas a nordeste da capital, elevada a vila, com o nome referido, por d. João IV, antigo Duque de Bragança; Vigia, a 15 léguas de Belém, na margem de Guajará, originada de uma casa de jesuítas; Gurupi, acima citada, já era vila em 1661 e que servia de escala nas viagens por mar entre Maranhão e Pará; Cametá, a 26 léguas de Belém, na margem esquerda do Tocantins, depois importante por ser estação no caminho fluvial para Goiás; e Gurupá, situada na margem direita do Amazonas, 12 léguas antes da confluência com o Xingu. Como se vê, tudo mais ou menos junto do mar. Havia também, na foz do Gurupatuba, uma missão jesuítica, transformada no século XVIII na vila de Monte Alegre.

Magra era a vida no Maranhão e no Pará no século XVII. As comunicações entre as duas capitanias eram difíceis. As viagens se faziam por mar e levavam um mês, em embarcações remadas por índios, que acompanhavam de perto os contornos da costa.

A miragem do ouro se esvaía pouco a pouco. Os engenhos, escassos, não se comparavam com os de Pernambuco. Além da cana, plantavam-se também o algodão e o fumo. O uso recente deste último começava a se difundir e em breve seria uma grande riqueza. A ausência de numerário fazia que os pagamentos se efetuassem por meio de troca direta. Economia primitiva que bem mostra o atraso da civilização material. Rebeliões freqüentes do povo contra os jesuítas, por causa dos índios, no Pará, contribuíam para a precariedade das condições de vida ali.

Ainda no século XVII os portugueses confirmam sua pretensão à posse da bacia amazônica, mesmo no alto curso do rio, com um ato de importância transcendente: a fundação da praça forte do Rio Negro, depois cidade de Manaus. A data é controvertida, mas, segundo a conjectura mais verossímil (Ferreira Reis), a origem da praça deve datar de 1669, sob o Governo de Antônio de Albuquerque, sendo depois reconstruída no fim do século, quando governava a capitania o filho daquele, que tinha o mesmo nome.

Passada esta vista de olhos sobre o despontar da civilização na costa leste-oeste, tornemos ao litoral norte-sul, de cujos sucessos suspendemos a narrativa com a chegada ao Rio Grande do Norte, no fim do primeiro século. Faremos agora a viagem em sentido inverso, isto é, partindo de Natal para São Vicente.

O precioso códice *Livro que Dá Rezão do Estado do Brasil* diz que, nesta época, o forte dos Reis Magos ainda estava por acabar. Por algumas partes não chegava ao cordão e tinha menos de 18 palmos de alto. Faltavam os parapeitos das quatrinas, as casas de vivenda e os armazéns. Faltava o poço ou cisterna dentro dos muros e a água tinha de vir de fora, retirada a cacimbas e trazida em vasilhas. Não havia restelo nem contraportão, e as próprias portas estavam em mau estado. "Finalmente, é a mais miserável vivenda que se pode achar no mundo, por não estar acabada, pelo que os soldados fogem dela como da morte."

No entanto, este triste estabelecimento fora fundado com altos propósitos. Da sua ideal posição podia "olhar ambas as costas deste Estado, assim de norte ao sul como a de leste-oeste até o Maranhão donde se acaba nossa conquista". E também impedia a presença de esquadras corsárias, antes freqüentes, que vinham ao litoral do Brasil comerciar com os índios, descansar das lutas na costa da África ou curar seus homens das carneiradas e outras doenças da Guiné.

A povoação de Natal, a uma légua do forte, teria então menos de 30 moradores brancos, que viviam pobremente de criação, plantação e pesca. Em 1614 a matriz ainda não tinha portas. Nas roças próximas não chegariam os brancos a cem, e eis tudo neste embrião do Rio Grande do Norte, ao qual o governador Diogo de Menezes dera já em 1611 um modo próprio de governança. Em 1633, data da expedição holandesa, Natal ainda devia ser bem insignificante, pois Barléu nem a descreve, detendo-se, no entanto, em descrever o forte, que passou a ter nome flamengo. Mais adiante, o ilustre historiador diz que a povoação estava em ruínas e oferecia aspecto acabrunhador, por causa da guerra.

A agricultura e o povoamento do Rio Grande do Norte avançaram primeiro, como era natural, em direção ao sul. Rumo ao norte, alcançou a civilização, a princípio, poucas léguas acima do forte dos Reis. Para oeste acompanhava, não muito longe, o curso do rio Potengi. No litoral exploravam-se as salinas, como hoje, até Macau. Antes de 1615 já havia um engenho de açúcar.

Na vizinha Paraíba, a cidade capital era também pequena, nos primeiros anos da centúria, mas muito bem edificada, segundo testemunha Ambrósio Fernandes Brandão, o autor dos *Diálogos das Grandezas do Brasil*. Este livro afirma, o que talvez possa ser levado à conta de exagero, pois Brandão sempre que pode manifesta decidida preferência pela Paraíba, que todas as casas da cidade eram de pedra e cal. Mas também pode ser verdade, pois, segundo Irineu Pinto, o senhor de engenho Duarte Gomes da Silveira (o mesmo que como vimos, quando tratamos do século XVI, mandou construir uma casa de engenho fortificada), por puro amor à Paraíba, oferecia o prêmio de 10$000 a quem construísse casa térrea de pedra e cal, passando a 20$000 se a casa fosse de sobrado.

Tomando por base o que diz a "Relação das Capitanias do Brasil", a cidade tinha então 100 portugueses e cerca de 800 o distrito. No *Livro que Dá Rezão do Estado do Brasil* aparece um mapa parcial da capitania e nele a cidade muito visivelmente desenhada. Contam-se cerca de 50 casas esparsas, distinguindo-se o mosteiro do Carmo, o de S. Francisco, a casa dos beneditinos, a igreja matriz e a Misericórdia. Também aparece junto ao mar, na foz do rio, o forte de Cabedelo, núcleo primitivo da atual cidade.

Os holandeses conquistaram a Paraíba e mudaram o nome da cidade de Filipéia para Frederica, em honra de Frederico de Orange. Teria nessa ocasião 700 fogos, mais ou menos 4.000 habitantes, em todo o distrito. Depois de 1670 a cidade passou a se chamar Paraíba, nome que recentemente perdeu.

Até meados do século, a exploração da capitania para o interior não ia além de 20 léguas da costa. Contava a zona colonizada com uma vintena de engenhos e algum escasso gado. Barléu diz que a Paraíba não possuía povoações e os engenhos é que eram verdadeiras aldeias (note-se o que sugerimos em páginas anteriores a propósito de agricultura sem ruralismo).

O primeiro fato importante, do ponto de vista da civilização material da capitania, depois da fundação de Filipéia, foi o assentamento, na segunda metade do século XVII, da atual cidade do Pilar, a princípio simples aldeia missioneira de índios cariris. Em seguida, no planalto da serra da Borborema, zona não visitada pelos holandeses, fundou-se a atual Campina Grande, de tamanha importância sertaneja. A bela Campina Grande foi (como ainda é hoje) a sentinela do sertão. Por causa deste estabelecimento expandiu-se, pouco a pouco, a conquista do interior. Apareceu a cultura do algodão na serra, fez-se a verdadeira criação de gado, até que, nos fins do século, o movimento para sudoeste se encontrou com o fluxo ascendente de paulistas e baianos. Datam de então as povoações de Piranhas (depois Pombal) e Piancó. Essa marcha da civilização não se processou pacificamente. Houve lutas terríveis, durante anos, dos sertanistas e criadores paulistas e paraibanos contra os cariris. Sómente depois desta guerra com os bárbaros é que aumentou a população e criaram-se novas e numerosas vilas.

O mais antigo caminho era o que ligava Filipéia a Olinda de Pernambuco, passando por Goiana, então da capitania de Itamaracá, e Igaraçu. Era uma estrada bem anterior aos holandeses. Com as sucessivas fundações das capitanias do Rio Grande do Norte e Ceará, este caminho costeiro foi-se encompridando e tornou-se via de comunicação entre as terras do nordeste, acima de Pernambuco. O segundo caminho, usado depois de 1650, ia de Pernambuco à região dos cariris aldeados, já a 40 léguas para o interior. De Recife seguia o Capibaribe até o Limoeiro, atravessando a região onde hoje se encontram Bom Jardim e Umbuzeiro. O terceiro caminho foi o do gado, vindo do sertão de São Francisco, com os paulistas. Seguia as águas do Pageú até às nascentes e daí, vencida a contravertente, descia pelo curso do Piancó.

Antes de passarmos a Pernambuco, lembremos numa palavra a situação de Itamaracá. Esta capitania não teve grande progresso. Na ilha, a barra era ruim, com água funda mais escassa, embora a povoação fosse bem densa (cerca de 500 brancos). A principal riqueza, que assim foi até o século XIX (tempo de Koster), era o açúcar, pois havia mais de 20 engenhos. Não existiam ainda as mangas famosas. O maior núcleo era o vilarejo da Conceição, que orçaria pelos 100 fogos.

Deixemos a ilha de Itamaracá e voltemos ao litoral de Pernambuco, onde o porto de Recife se animava. Frei Vicente, que concluiu a sua *História* em 1627, já o considera o mais movimentado do Brasil. A povoação ainda não podia comparar-se à orgulhosa Olinda. Teria quando muito uns 200 vizinhos, com a igreja primitiva do Corpo Santo, muitas vendas e tabernas (coisa natural, pois servia aos marujos de passagem) e grandes armazéns para o açúcar à espera do embarque. Pode-se dizer que a cidade do Recife realmente cresceu, se aformoseou, se embelezou com os holandeses. Já antes de Nassau, em 1636, a administração holandesa pedia ao Conselho da Companhia das Índias que, como os colonos esperados, remetesse materiais de construção: pedra, madeira e cal, pois tudo isto era escasso e caro no Recife. Manifesta-se já a tendência urbanística da colonização flamenga. Poucos colonos se dirigiam ao campo, pois eram, em geral, pobres e procuravam meio de vida na cidade. A instalação agrícola sempre custou caro.

O período mais brilhante foi, porém, o do Governo de Nassau (1637-1644). Recife transformou-se numa linda cidade, que fazia a admiração dos que a tinham conhecido antes. No princípio, a insegurança das lutas não permitia o aumento da cidade. Uma relativa paz ou, pelo menos, o afastamento da guerra para zonas mais distantes o permitiu. Abriram-se ruas, construíram-se casas e nasceu uma nova parte da cidade, quase uma nova cidade, na ilha de Antônio Vaz: a Moritzstadt, zona de habitação e prazer. No bairro do Recife ficavam os armazéns e negócios. Aqui as ruas eram estreitas, as casas pequenas e malsãs. A partir de certo momento foi tal a falta de acomodações, para a população que aumentava, que não era raro encontrarem-se oito pessoas dormindo num mesmo quarto. Aluguéis caros, vida cara.

A esta superpopulação se deveu em parte a reconstrução de Olinda, reerguida das ruínas que a guerra causara, com o auxílio de muito material vindo da Holanda. Também em parte, pela mesma causa, o príncipe lançou as vistas para Antônio Vaz. Procedeu primeiro a obras de secagem e fertilização daquelas terras baixas. Construiu, depois, os seus dois famosos palácios fortificados, o de Friburgo, perto do Beberibe, e o da Boa-Vista, junto ao Capibaribe. O primeiro, que custou por volta de 600.000 florins, estava cercado por parques que eram verdadeiros jardins zoológicos e botânicos, com animais e plantas da terra.

Nos anos de 1642-1643 fizeram-se importantes obras públicas no Recife. Foram reniveladas ruas e praças, foram construídos igrejas, asilos, nova casa da Câmara. E, finalmente, calçaram-se ruas com tijolos holandeses.

Em interessante documento da época da expulsão dos holandeses, recentemente republicado pelo Governo de Pernambuco, vemos quão grande foi a transformação que eles introduziram na cidade. Rara é a casa, em todo o Recife, que não tenha a nota: "Fabricada por flamengo"; ou: "Com benfeitoria feita por flamengo". Aliás, a leitura desse "Inventário" é útil para dar uma idéia da importância a que já atingira a vida do Recife. São numerosas as ruas, fortes, edifícios públicos, igrejas, etc.

Além de Recife, Barléu nos cita mais outras vilas ou povoações na capitania de Pernambuco, que, como se sabe, compreendeu até o século XIX o território de Alagoas. Já vimos o essencial sobre Olinda e Recife. Passemos agora a vista sobre as outras.

Igaraçu decaíra de sua primitiva importância, do tempo de Duarte Coelho. Goiana era um centro considerável, situado à beira do rio do mesmo nome. Muribeca, no interior e em direção do sul, hoje triste e morta, então se animava com as suas casas de farinha. Em parte por causa delas se deu a batalha dos Guararapes, que são morros no caminho entre Recife e Muribeca. Santo Antônio não passava de uma pequena vila, perto do Cabo. Ipojuca, à margem do rio do mesmo nome, era muito populosa, por constituir o centro de vasta cultura açucareira; e o mesmo se dava com Serinhaém e Una, junto aos rios respectivos. Porto Calvo, vila em torno aos engenhos de Cristóvão Lins, a cerca de 150 quilômetros do Recife, já na comarca das Alagoas, tinha uma fortaleza e ficou famosa não só pelas lutas de que participou, como por ser terra de Calabar. Num mapa de Barléu pode-se apreciar o tamanho e a importância da povoação. Nas Alagoas havia mais outras vilas, como Alagoas do Norte, ou Santa Luzia, e Alagoas do Sul, ou Madalena. Esta, a mais considerável, foi saqueada e incendiada pelos holandeses. Ressurgiu depois e chegou a ser capital da capitania criada no século XIX, honra conferida mais tarde, quando a capitania já era província, à vila de Maceió, ou Maceió. Ao sul de Alagoas, na margem esquerda do S. Francisco, ficava a povoação de Penedo, pobre e pequena, elevada a vila em 1636. Pelo seu valor estratégico, foi ocupada por Nassau, que nela fez construir um forte.

Afora esses núcleos maiores, contava Pernambuco com a sua quase centena de engenhos, que constituíam muitas vezes pequenas aldeias, e também com aldeamentos de índios mansos.

Esta foi, em linhas gerais, a fisionomia que guardou a sua civilização até o fim do século.

Em Sergipe já vimos que a povoação de São Cristóvão, fundada por Cristóvão de Barros, mudara de pouso em 1596, passando da margem do rio Cotinguiba para a beira do rio Puxim. Pois antes de 1610 muda-se ela de novo, fixando-se desta vez ao longo do córrego Piramopama, afluente do Vasa-Barris, numa elevação a 5 léguas do mar. E até o século XIX a atual Aracaju conservou o seu antigo nome de São Cristóvão. Aliás, o sítio primitivo, à margem do Cotinguiba, pelo que informa Jaboatão, já se chamava Aracaju. São Cristóvão foi também tomada pelo invasor e queimada numa incursão dos nossos, em 1638. Não muito ajudada pelo porto, manteve-se sempre em medíocre riqueza. Seus habitantes viviam da exploração do açúcar, couro e tabaco. Mais a montante do rio, havia o povoado de Vilanova, elevado a vila, que estava no limite do reino dos índios.

A Bahia, cabeça da Colônia, continuou a ser durante todo o século a mais importante cidade. Dividia-se em dois bairros, Cidade Alta e Baixa, tal como hoje. Na Baixa, além da zona portuária e comercial, havia uma longa rua, bordada de lojas, armazéns e oficinas.

Curioso complemento técnico da vida urbana, talvez exemplo único da técnica aplicada a tais problemas, era uma espécie de elevador, que ligava os dois bairros, venerável antecessor das modernas máquinas hoje existentes para o mesmo fim. Este elevador funcionava em plano inclinado, pelo sistema de cabos e contrapesos. Quando um carro subia, o outro descia. Transportava exclusivamente mercadorias. Já funcionava em 1610 e ainda aparece em gravura do século seguinte.

Outra instalação técnica, cuja considerável importância merece ser posta em relevo, foram os estaleiros de construção naval, começados por D. Francisco de Sousa nos primeiros anos do século. Sabe-se quão importante foi a construção naval do Brasil, na Colônia e no Império.

Porém a inovação capital, cuja influência se fez predominantemente sentir na vida econômica da Colônia, foi o aperfeiçoamento da técnica de fabricação do açúcar. Diz frei Vicente que um clérigo espanhol, vindo do Peru, introduziu os novos engenhos, constituídos por três cilindros verticais que giravam impelidos por bois ou por roda d'água. Isto se deu na Bahia no Governo de Diogo de Meneses (1608-1612) e já em 1618 os novos engenhos, chamados "palito", eram tidos por tão bons que o autor dos *Diálogos das Grandezas*, escreve: "Tenho para mim que se extinguirão e acabarão de todo os engenhos antigos e somente se servirão desta nova peça."

Sobre a venerável máquina repousou a economia agrícola açucareira até princípios do século XIX.

A vida na cidade da Bahia era amena, as vivendas agradáveis, cercadas de pomares. Nos arredores, belas casas de campo, engenhos, plantações de fumo. O gado era abundante e magnífico. Alguns potentados, como Baltasar de Aragão, o "Manguela-Botte", cercavam-se mesmo de extraordinário luxo. Mas em geral, segundo o vezo português, que tanto estranhavam os holandeses, os interiores dos casarões particulares tinham poucas alfaias e eram de simplicidade quase rústica. Os quadros e demais enfeites artísticos estavam nas igrejas.

Vasconcelos, esquecido de que o lavor excessivo do estilo talvez se inclua entre os pecados de vaidade e sensualismo, nos lega sobre a Bahia seiscentista esta frase extasiada e algo bucólica: "Na compostura da natureza, bem assombrada, levantada em outeiros, estendida em campinas, povoada de bosques, abundante de pastos, retalhada de rios, fecunda de fontes, sempre a mesma e sempre vária... uma das vistas que no mundo se gozam." No tempo do padre Simão, já a Vila Velha, povoação antiga de Pereira Coutinho, estava em ruínas. No termo do século, a cidade da Bahia devia ter, em seu distrito, de 15 a 20 mil habitantes.

No século XVI tinha havido numerosas entradas à procura das minas de ouro e prata e jazidas de pedras. Esperava-se na continuidade da terra com a do fabuloso Peru. Estas tentativas, algumas de triste desfecho, como a de Gabriel Soares, não resultavam em povoamento do interior, pois as minas permaneciam ignotas. A fixação se faria com o gado. Partindo dos arredores da cidade, a criação se espalhou com efeito pelos sertões centrais, durante todo o século XVII, indo atingir por um lado o Piauí e por outro o norte de Minas Gerais. Dois são os marcos representativos deste ciclo: a Casa da Torre e as fazendas de Antônio Guedes de Brito. Nos lindes extremos da zona do gado, Piauí e zona mineira do São Francisco, foram se formando pequenos núcleos, alguns dos quais mais tarde seriam vilas. Mas as condições próprias da pecuária, que impõem a utilização de grandes extensões de pastagens com o emprego de poucos trabalhadores, não favoreceram a fundação de muitas vilas importantes nos primeiros tempos.

As vilas baianas fundadas no século XVII estavam todas no território do Recôncavo, isto é, na região agrícola do açúcar, o que mostra a nula penetração da civilização material na zona de criação. Geralmente situadas próximo aos rios que desaguam no Recôncavo, chamavam-se Cachoeira, Camamu, Jaguaribe, Santo Antônio (ou João Amaro) e São Francisco, algumas delas feitas vilas no século XVII, mas assentadas sobre povoações já existentes desde o século XVI.

A capitania dos Ilhéus, como já dissemos, não progrediu satisfatoriamente, em parte devido às correrias dos aimorés e em parte por causa da instabilidade de administração. Além da vila de São Jorge, existiam ali as de Boipeba (a velha), Cairu, Camamu e Rio das Contas. Destas vilas, fundadas em fins do século XVI e princípios do XVII, Boipeba e Cairu ficavam situadas em pequenas ilhas, enquanto Camamu e Rio das Contas estavam nas embocaduras do rio Acari e do rio das Contas. Como se vê, a civilização nos Ilhéus mantinha-se ainda na epiderme.

Em Porto Seguro a novidade registrável foi um relativo surto de progresso na zona de Caravelas. O plantio de cereais, a pesca e outros fatores ali juntaram, no século XVII, grande número de colonos. Em fins do século, a povoação de Caravelas devia ser considerável, pois tinha uma igreja de pedra e, em 1701, foi transformada em vila.

Na capitania do Espírito Santo muito pouco também temos a registrar. Os ataques sofridos dos holandeses em 1640, pelas vilas de Vitória e Espírito Santo, não parecem ter danificado gravemente nenhuma das duas. Os descendentes de Vasco Fernandes Coutinho venderam a capitania na segunda metade do século a Francisco Gil de Araújo, senhor de engenho na Bahia, que veio para ela cheio de esperanças, cedo desvanecidas, pois, vendo que não surtiam efeitos os esforços, regressou decorridos alguns anos à paz de seu engenho, onde morreu.

Na foz do rio Guarapari fundou-se uma povoação com o mesmo nome, elevada a vila por Araújo em 1689. Araújo, conforme testemunho contemporâneo, desvelou-se na melhoria das duas vilas. Fez três fortalezas, consertou a casa da Câmara na Vitória e restaurou as capelas arruinadas. Na vila do Espírito Santo, "que somente aparência de vila tinha", mandou fazer "casa da Câmara que nunca teve pelourinho e tudo de pedra e cal e tão perfeito que se não acha vila que a tenha como ela".

Passemos à vizinha do sul, capitania do Rio de Janeiro. Infeliz nos seus esforços, o primeiro donatário, Pero de Góis, regressou à Europa, de onde passou a fazer viagens à Índia. Seu filho, Gil de Góis, devolveu em 1618 a capitania de São Tomé (que nos documentos também era chamada Cabo Frio e, na língua do povo, Paraíba do Sul) à Coroa. Ficando a capitania abandonada, o governador Martim de Sá distribuíu parte do seu território, ao norte da cidade de São Sebastião, em sesmarias. São as datas de terra dos famosos sete capitães. Um deles, Miguel Aires Maldonado, deixou-nos descrição de viagens que empreenderam para conhecimento de suas terras. Saíram em Dezembro de 1632 de Cabo Frio, à antiga feitoria de Vespúcio, então povoação costeira. Passaram por Macaé, arraial de pouca consideração, composto de choupanas cobertas de palha, habitadas por mamelucos. Pelo interior próximo, já havia moradores brancos, alguns abastados. Mais distante nada havia de obra européia, eram só aldeias de índios.

Minucioso foi o reconhecimento dos capitães: vadearam rios, encontraram lagoas, atravessaram extensas campinas e só viram tribos de índios. As lagoas denominaram Feia, Saquarema, Fedorenta, Carapebus, Vermelha e das Piabanhas. Rios, o Paraíso dos Macacos, o Iguaçu e, finalmente, o chamado Rio Grande, que outro não era senão o majestoso Paraíba.

A exploração dos sete capitães despertou muita cobiça na cidade do Rio de Janeiro. Estenderam-se pela terra goitacá os currais de gado, necessários ao desenvolvimento dos engenhos existentes próximo à cidade. Com a ereção da primeira capela, junto do Paraíba, desde 1652 aglomerou-se ali uma quantidade de vizinhos que permitiu a criação de uma vila. A isto, porém, se opuseram os senhores dos latifúndios, residentes no Rio, que temiam a ocupação das terras em que não trabalhavam. Esta série de lutas entre os latifundiários e os pioneiros é bem ventilada por Alberto Lamego. Em 1672 houve nova tentativa para a criação da vila de Campos, mas os distantes senhores, membros das poderosas famílias dos Correia de Sá, dos Vasqueanes, dos Leitão, e também o abade de S. Bento conseguiram expulsar os posseiros das terras que ocupavam, a mão armada, queimando casas, algemando e matando trabalhadores rurais.

Em 1674, o próprio Salvador Correia fez mercê a dois de seus filhos de muitas léguas de terra, com obrigação de erigirem vilas. Daí provieram as duas vilas de São Salvador (Campos) e São João da Barra, ambas na beira do Paraíba, sendo que a primeira se transferiu da margem esquerda do rio para a direita em 1678. Do outro lado da baía de Guanabara, próximo à antiga aldeia de índios de Araribóia, formava-se pequeno povoado em torno à capela de S. João Batista. Era coisa sem importância, porém, longe ainda da futura Praia Grande, hoje Niterói.

Ao sul da capitania ficavam as vilas de Angra dos Reis e Parati, sobre as quais o insubstituível Pizarro nos apresenta copiosas notas, colhidas em puras fontes. A povoação de Angra já existiria em fins do século XVI, mas a vila, segundo exata informação escrita por "homem assaz rábula", foi só criada em 1608. Transferiu-se para o sítio atual em 1617, por causa de uma desordem em que foi o morto o vigário.

Próximo a Conceição de Angra dos Reis, ficava a vila de Parati, fundada antes de 1650. Parece que foi pobre até o fim do século, pelas dificuldades que teve na construção de sua matriz. Famosa era a sua aguardente, que acabou por impor o nome da vila à própria bebida, em grande parte do Brasil.

A cidade do Rio de Janeiro atingira já a certo desenvolvimento no século XVII, como sede do Governo, que era. Nos primeiros anos da centúria tinha cerca de 4.000 habitantes, dos quais mais de 3.000 índios e pretos. Além do morro do Castelo, poucas eram as ruas na baixada, sendo a melhor a da Misericórdia.

Com o passar do tempo, porém, foram se erguendo edifícios e igrejas na várzea, até que as próprias casas de governança também desceram do morro. Aos poucos se abriram novas ruas até que no fim do século, se estendia a cidade no perímetro compreendido entre os morros do Castelo, de Santo Antônio e de São Bento, dominados respectivamente pelas três poderosas casas: dos jesuítas, dos franciscanos e dos beneditinos. Já por essa época se iniciava a construção de relevantes obras públicas, como por exemplo o abastecimento da água para a população. Para o interior marchava a civilização lentamente, partindo do núcleo de irradiação da maior cidade. Locais que hoje são subúrbios foram sendo sucessivamente ocupados e povoados.

Também no século XVI expedições exploradoras tinham já penetrado o território futuro das Minas, à cata de ouro e pedras. No fim do século XVII começaram a se fixar, em grande número, os mineiros em extensas regiões da futura capitania. Também nela se tinham afazendado paulistas, com criação de gado. Mas, além desta referência, não reclamam tais episódios qualquer atenção de nossa parte, pois escapam aos objetivos do curso. A civilização material mineira se inicia somente no século XVIII.

Na capitania de São Vicente, o precoce domínio da serra e o estabelecimento de uma povoação no planalto tiveram capital importância na expansão dos vicentinos, durante o século XVII. Antiga, mas eventual e esporádica, era a comunicação dos povoadores lusos com os estabelecimentos espanhóis do Paraguai. Desde o século do descobrimento, a viagem de Ulrich Schmiedel liga Assunção a S. Vicente, enquanto Aleixo Garcia e Cabeça de Vaca fazem percurso semelhante, partindo, porém, de Santa Catarina. O estabelecimento das reduções jesuísticas no sertão chamado Guairá, que ficava entre as duas povoações, veio incentivar o movimento, já então estimulado pela ambição da captura de escravos índios. O famoso capitão espanhol Malgarejo tinha fundado em Guairá, de posse indecisa, três povoações: Ciudad Real, em 1567; Vila Rica, dez anos depois, e Santiago de Jerez, muito mais ao norte, em 1580. Eram pobres aldeias de que nada ficou, e a elas nos referimos não como marcos de civilização, mas porque balisam mais ou menos a zona de primeira penetração das bandeiras. Próximo a Ciudad Real e Vila Rica, os jesuítas se estabeleceram com cerca de uma dúzia de aldeamentos. Estas reduções é que vieram, no século XVII, despertar a cobiça dos sertanistas de São Vicente, que, na caça, ao índio, dilataram as fronteiras rumo do sudoeste. Antes de 1640 estava completada, pelos nossos, a conquista de Guairá.

O ciclo bandeirante da caça ao índio, de transcendente importância, na história da expansão geográfica não tem quase nenhuma no que se refere à história da civilização material. O ciclo da caça ao índio é essencialmente móvel. O bandeirante não se fixa, não funda estabelecimentos duráveis. Penetra, luta, encurrala o seu rebanho humano e regressa com ele para o litoral.

A importância da bandeira, como elemento de fixação e de civilização, se revela somente mais tarde, no ciclo do ouro, desbravando a princípio os sertões das Gerais, mais tarde os de Goiás e Mato Grosso, determinando neles a fundação de cidades e a criação de uma alta civilização. Isto é, contudo, matéria para o capítulo seguinte. O que nos interessa averiguar, na época em exame, dentro do território vicentino, é a fundação de algumas antigas vilas, que sucederam cronologicamente à de Piratininga.

Segundo conveniências geográficas, foram-se firmando, desde a primeira década do século XVII, novos núcleos de povoação, que em breve se transformariam em vilas e em pontos de partida para a irradiação das bandeiras.

Mogi das Cruzes (1611), Taubaté (1650), Jacareí (1653) e Guaratinguetá (1657) comandavam o avanço para as Gerais; Parnaíba (1625) e Itu (1657) foram os trampolins do salto a Mato Grosso; Jundiaí (1655) e Sorocaba (1661) apontavam respectivamente os caminhos de Goiás e Paraná, sendo que de Sorocaba, feira famosa de animais de sela e carga, saiu mais tarde grande parte do influxo civilizador do Brasil meridional.

A capital de São Paulo, embora já elevada a cidade, pouco passava de um vilarejo no fim do século XVII. Uma dúzia, se tanto, de ruas, casas térreas de adobe, igrejas e conventos, eis tudo, ou quase tudo. Para se ter idéia de como era mesquinha, basta saber que a zona do convento de S. Francisco, hoje centro, estava então fora do perímetro urbano.

No litoral, a povoação de Ubatuba foi feita vila em 1637, e a de São Sebastião, ainda hoje uma jóia colonial, em 1636. Ambas vinham de princípios do século ou fins do anterior.

No atual território do Paraná, em local já habitado desde cerca de 50 anos, por causa do ouro de lavagem, fundou-se em 1648 a vila de Paranaguá. No fim do século foi criada outra vila no planalto, nos campos chamados do Curitiba. Em Santa Catarina, a vila de São Francisco foi fundada em 1660, no mesmo local onde existia um porto freqüentado pelas armadas desde mais de cem anos. Laguna, foco da conquista do Rio Grande, é também povoação paulista do século XVII.

Os limites meridionais da América Portuguesa continuavam sempre vagos, flutuando ao sabor dos interesses contraditórios. Os povoadores das primitivas capitanias dos irmãos Martim Afonso e Pero Lopes iam se espalhando insensivelmente para o sul, na orla marítima e pelo interior, embora sem fundar centros importantes de civilização. Em Paranaguá já se descobrira o ouro em fins do século XVI, e, em princípios do XVII, ali se estabeleceram mineradores. A fundação da vila data de 1648. Em 1693 fundou-se vila nos campos de Curitiba, já habitados por paulistas.

Em princípios do século XVII houve tentativas de colonização jesuítica no território riograndense. Mas foram tentativas de origem espanhola e não portuguesa. Partidos do Paraguai, fundaram os da Companhia, entre 1626 e 1636, várias reduções ou aldeamentos de índios cristãos, na margem esquerda do Uruguai. A partir de 1637, começaram a se retirar para a margem direita, por causa dos ataques dos paulistas, que vinham cativar selvagens. Destas primitivas reduções nada ficou que interesse ao estudo da civilização material. As casas eram as mesmas malocas, adotadas e melhoradas pelos padres, e dispostas em ordem geométrica. As igrejas eram de madeira, com paredes de tábua e coberturas de palha. Depois se fizeram algumas outras, de taipa e cobertas de telhas. Mas nada disto sobreviveu às investidas bandeirantes e, portanto, o capítulo transitório de catequese seiscentista do Rio Grande, nos dez anos em que existiu, se é importante sob outros aspectos históricos, não é sob o nosso. Citamo-lo apenas como prelúdio, que é, à verdadeira civilização do extremo sul. Outro prelúdio foi a fundação da Colônia do Sacramento.

Em 1678, levando a efeito planos anteriores, a Coroa portuguesa decidiu-se a tentar a grande aventura de apropriação dos territórios setentrionais do Rio da Prata, sonho em que se manteve durante os séculos seguintes e que só se esvaiu por completo já depois da Independência. As justificativas eram sobretudo geográficas, pois, graças à boa vontade dos interessados, o meridiano de Tordesilhas se transformara em linha elástica, esticável até o limite das ambições.

Como providência decisiva, cuidou-se da fundação de uma vila fortificada, a primeira erigida na banda norte do rio, que os espanhóis não tinham ocupado a qual serviria não somente para marcar os limites da conquista, mas também para defendê-la. Foi incumbido da arriscada missão o bravo e malogrado d. Manuel Lobo, recém-nomeado governador do Rio de Janeiro, com jurisdição sobre as capitanias do sul.

Partiu ele com soldados, artífices, escravos e dois padres da Companhia, tudo em cinco navios, em fins de 1679. Em fevereiro do ano seguinte começa a construção da Nova Colônia no sítio escolhido, que é fronteiro à cidade de Buenos Aires. A princípio foram feitos os habituais abrigos cobertos de palha, mas logo se começou a construção da fortaleza e, fora do seu recinto, das primeiras casas da vila nascitura. A fortaleza, diz Rego Monteiro, "tinha a forma de um quadrilátero, com baluartes nos ângulos, cobrindo dois a terra firme e os dois opostos a atual povoação e o mar".

Em mapa contemporâneo, publicado pelo mesmo historiador, se vê que não estava ainda terminada a obra quando, menos de um ano depois, foi acometida e ocupada pelos espanhóis. Na mesma gravura observamos que a povoação fora da cidadela era a mais modesta possível. Meia dúzia de casas, inclusive a do governador, uma igreja tosca, talvez alguma obra de utilidade no surgidouro das naus.

Ainda em 1680, como dissemos, foi a Colônia invadida e ocupada pelos espanhóis de Buenos Aires, auxiliados por feroz indiada que massacrou muitos dos nossos. D. Manuel foi preso e morreu pobremente em Buenos Aires, três anos depois.

Entraram, porém, em acordo os Governos de Madri e Lisboa, e em maio de 1681 foi assinado um tratado pelo qual se restituiu a Portugal a sua colônia.

Em 1684, a família paulista dos Brito Peixoto fundou, como dissemos, bem ao sul da ilha de Santa Catarina, o arraial da Laguna, espécie de posto avançado de comunicação com a Nova Colônia. Laguna, elevada a vila em 1720, desempenhou relevante papel no povoamento do Rio Grande, como também adiantamos e breve veremos.

Vegetou até o fim do século a Colônia do Sacramento, no caráter exclusivo de estabelecimento militar, e sempre em guarda contra os índios. Impedida de comerciar com Buenos Aires, ficava na dependência exclusiva do distante Rio de Janeiro e não podia progredir economicamente. Nos últimos anos do século XVII teria 300 militares e pouco mais de cem civis, entre homens e mulheres.

Estudada assim a marcha da civilização por todo o litoral, convém darmos uma vista de olhos ao imenso país das Amazonas, incorporado aos domínios portugueses no século XVII

Em 1541-42, o grande rio fora percorrido por Orellana, que partira da foz do Napo e saíra no oceano Atlântico. Em 1560 dá-se a trágica viagem de Pedro de Ursua, Lopo de Aguirre e seus companheiros. Foram estas explorações espanholas. Mas a viagem no sentido português, isto é, a penetração no rumo de contracorrente, só foi realizada em 1637 por Pedro Teixeira.

Antes de Teixeira, já tinha havido algumas viagens rio acima, mas incompletas. A mais importante destas fora a de Cochado, que partindo de Belém margeou o delta do Grão-Pará, mostrou a sua união com o Amazonas e penetrou bastante longe pelo curso do rio.

Pedro Teixeira partiu em outubro de 1637 de Gurupá, vila que devia ser o extremo estabelecimento luso nessa direção, pois Cristóvão de Acuña chama-a "os confins do Pará". Fazendo jornada inversa à dos seus predecessores, chega até Quito, no fim de quase um ano de viagem, e voltou em 1639, alcançando o Pará depois de, aproximadamente, outro ano de travessia.

A expedição de Pedro Teixeira, tal como as bandeiras do primeiro ciclo, tem excepcional importância do ponto de vista de expansão geográfica. Com efeito, estendendo o domínio da Coroa portuguesa, que ia somente até ao rio Paru, pela margem esquerda, e até ao rio Xingu, pela margem direita do Amazonas, ambos a pouca distância da foz, Teixeira dilatou-o até o rio Napo, tomando posse de todo este imenso território em nome de Portugal. Era, mais ou menos, apossar-se de toda a atual Amazônia brasileira.

Mas, repetindo aqui a observação feita em relação às bandeiras, este fato de transcendente importância não tem ligação com o objeto do nosso curso. Se hoje a civilização material apenas penetrou na bacia amazônica, no século XVII ela se confinava unicamente nos pontos que referimos quando tratamos do Pará, todos encostados ao mar.

SÉCULO XVIII

O século XVII completara o povoamento do litoral e das suas cercanias, cujo aumento era agora questão de tempo. Também se procedera, vimos, ao reconhecimento do interior e à sua conquista, desde que por conquista se entenda um apossamento mais ou menos simbólico. Mas somente no declínio do século o bandeirante foi se fixando, graças em parte à criação do gado, como verdadeiro povoador.

Muitos destes povoadores eram paulistas que tinham participado das guerras do nordeste contra índios e pretos. Em vez de voltarem a São Paulo estabeleceram-se com fazendas de gado no vale do S. Francisco, a exemplo dos baianos. O local que ocupavam era, porém, mais ao sul, já nas margens do Guaicuí, em território hoje mineiro. Também se afazendaram ao norte de Minas, se dermos crédito à informação de Bento Furtado de Mendonça, alguns companheiros de d. Rodrigo Castelo Branco, o malogrado fidalgo espanhol assassinado por homens de Borba Gato, antes de 1608.

A criação de gado nesta zona, como aliás toda a atividade pecuária e agrícola do Brasil-Colônia, nunca chegou a amortecer a ambição máxima dos colonos livres, que era a mineração. O velho sonho do ouro e das pedras se tinha transmitido do branco luso para o mazombo e para o mestiço do Brasil.

Estes nativos da terra, cujas condições biológicas e culturais melhor se adaptavam aos esforços que exigia a tarefa de contato com o meio bruto e as brutas gentes do sertão, é que podiam ser, como foram, os desbravadores do país das minas.

Numerosas são as viagens levadas a efeito em território mineiro entre a de Espinosa (1553), que foi a primeira, e o estabelecimento dos mineradores, em caráter permanente, nos últimos anos do século seguinte.

A primeira delas, contudo, que seguiu a trilha percorrida mais tarde pelos futuros bandeirantes, foi a de Brás Cubas, em 1560. Por ordem de Mem de Sá, partiu da sua cidade o fundador de Santos, atravessou a Mantiqueira e embrenhou-se no sertão, chegando a atingir, na opinião de Francisco Lobo Leite, Lúcio dos Santos e outros, as margens do rio São Francisco. Pode-se dizer, assim, que atravessou todo o território mineiro atual.

Este caminho de penetração foi, como lembra Lobo Leite, adotado pelos bandeirantes paulistas desde o princípio do século XVII. Tornou-se a espinha dorsal da civilização mineira e ao longo dele foram, com o passar dos decênios, se plantando as povoações de Passa Quatro, Capivari, Pouso Alto, Sengó, Boa Vista, Baependi, Encruzilhada, Carrancas, Rio Grande, Rio das Mortes (atual São João d'El-Rei), Ponta do Morro (atual Tiradentes), Bichinho (atual Prados), Carijós (atual Lafaiete), Carreira, Ouro Branco, Itatiaia, Casa Branca, Rio das Pedras, Rio Acima, Santa Rita, Raposos, Sabará, Santa Luzia, Barra do Rio das Velhas... Para um mineiro, ou para quem está habituado à história de Minas, este rosário de nomes evoca todo o drama de uma grande civilização americana.

As simples entradas de exploração foram se transformando em verdadeiras expedições de descobrimento (bandeiras), através de cujo percurso já se esboçavam os primeiros sinais, se não ainda de fixação ou estabilidade, pelo menos de duração e maior permanência. As vilas paulistas da zona do Paraíba, principalmente Taubaté, foram os pontos de partida do movimento. Galgada a serra, geralmente pela garganta do Embaú, orientavam-se as bandeiras pelos acidentes geográficos, como as pontas de morro e os cursos dos rios, em várias direções. Sendo grupos relativamente numerosos, não podiam contar indefinidamente com a alimentação precária e incerta obtida pela pesca, a caça e a utilização de frutos silvestres, Por isto abriam roças, onde voltavam a colher no fim de alguns meses. Junto a estas nasciam pequenos arraiais, dos quais os primeiros de que se tem notícia provêm da marcha de Fernão Dias Pais, iniciada em 1673. Estes arraiais de Fernão Dias nasceram ao acaso de um percurso quase em linha reta. Sua descrição, feita por um neto do bandeirante, foi aproveitada por Southey e a toponímia confirmada por O. Derby, Calógeras e outros. Taunay faz reservas à exatidão de certas localizações geográficas.

Tem-se geralmente por aceito que o primeiro arraial, Ibituruna, ficava um pouco além do rio Grande, formador do Paraná, junto à atual cidade de São João d'El-Rei. Ainda hoje existe a localidade de Ibituruna. O segundo cresceu mais adiante, perto do rio Paraopeba, que já é afluente do São Francisco. Chamou-se Sant'Ana do Paraopeba. Mais para o norte ainda, a bandeira deu origem ao arraial do Sumidouro, nas cabeceiras do rio das Velhas, ou Guaicuí, também afluente do São Francisco. O genro de Fernão Dias, Manuel de Borba Gato, descendo o curso do rio das Velhas, funda um quarto arraial nos sertões de Sabarabuçu, berço da ilustre Sabará.

Parece que amostras de ouro mineiro foram trazidas desde o século XVI, mas o interesse que conseguiram despertar não pôde ser seguido de providências administrativas enérgicas. O período decisivo das descobertas do ouro só veio entre 1690 e 1700. A bandeira de Antônio Rodrigues Arzão, em 1692, entrou até os sertões da Casa da Casca, na bacia do rio Doce, junto às suas cabeceiras no círculo das futuras Gerais, e conseguiu achar provavelmente no leito de algum rio umas poucas oitavas de ouro, que levou para o Espírito Santo, mostrando-as ao governador. Pouco depois de Arzão, Bartolomeu Bueno de Siqueira estabeleceu-se com plantações na serra de Itaverava, perto da atual Lafaiete, antigo arraial de Carijós. Ainda existe uma vila de Itaverava, nessa zona. Alertado pelas notícias que chegavam a Taubaté dos sucessos de Bueno, na cata do metal, e pelas amostras deste, Carlos Pedroso da Silveira conseguiu do governador do Rio de Janeiro (que também o era da repartição do sul) auxílio para o estabelecimento de uma casa de fundição em Taubaté.

Começou então o espantoso *rush* para as Minas. Até 1700 tinham-se feito descobertas de ouro de lavagem no Gualaxo do Sul, afluente do ribeirão do Carmo, neste último ribeirão, no Tripuí, no morro do Ouro Preto, depois chamado Pascoal da Silva. Esta era já a zona do coração das Minas, nas cercanias das atuais Mariana e Ouro Preto. Entre os pioneiros, podemos lembrar os nomes de Miguel Garcia (fundador de Baependi e Pouso Alto), Antônio Dias, padre Faria (fundador de Pindamonhangaba), Francisco da Silva Bueno, Salvador Furtado de Mendonça.

Os arraiais que se fundaram então não eram mais os antigos pousos de bandeirantes, que a demora dos descobrimentos transformava em agricultores forçados. Já agora, encontrado o ouro, estabilizavam-se os devassadores paulistas como mineradores sedentários e as povoações se fixavam mais, dessa maneira.

Em 1696 e 1698 tiveram origem, respectivamente nas barrancas circunvizinhas aos ribeirões do Carmo e do Tripuí, as povoações que mais tarde se transformariam em Mariana e Ouro Preto.

A fama do metal provocou, porém, uma inconsiderada afluência de aventureiros. Daí resultou uma trágica dificuldade de vida, pela deficiência dos meios de subsistência, uma vez que o ouro era a preocupação obsessiva de cada qual e ninguém se ocupava em plantar ou criar. Apesar da alta absurda dos preços, de que dão notícia escritores contemporâneos, e da afluência cada vez maior do meio de troca, escasseava a comida, vinda penosamente de muito longe. Tornava-se fato histórico a lenda de Midas. Disto resultou certa dispersão dos aventureiros, acumulados nos núcleos iniciais do ribeirão do Carmo e do Tripuí, verificando-se então o aparecimento de outras povoações mais distantes, situadas em zonas onde a menor população e a lavoura forçada tornassem possível uma vida menos miserável, no meio de tanto ouro.

Evidentemente os primitivos arraiais, anteriores à grande mineração, seriam acampamentos mesquinhos. O de Sumidouro, por exemplo, onde Fernão Dias julgou e executou seu próprio filho, que contra ele urdia uma conspiração, era um aglomerado de choupanas, através de cujas paredes furadas se via e ouvia o que se passava portas a dentro. Foi por ter visto e ouvido a reunião dos conjurados que uma índia pôde denunciá-los ao governador. Talvez fossem choupanas com paredes de folhas, à moda indígena. Talvez fossem de taipa mal acabada. Os arraiais do ouro, posteriores a esses, teriam naturalmente mais desenvolvimento.

A vila de Ribeirão do Carmo (a princípio chamada Albuquerque, atual Mariana), por exemplo, foi ereta em 8 de abril de 1711 no arraial de Ribeirão do Carmo, que era, parece, o mais povoado e já devia possuir numerosas casas.

Segundo Salomão de Vasconcelos, as ermidas do povoado eram cobertas de palha, assim como todas as casas. Havia um pequeno largo, onde estava a capela do Rosário, e duas ruas. Numa destas estava a casa, chamada ambiciosamente o "Palácio", onde funcionou a primeira Câmara e onde se aposentou o governador Antônio de Albuquerque. Somente a partir de 1713, com a fundação da primeira olaria (este dado é importante para o nosso estudo), começaram as casas a ser cobertas de telhas.

Vila Rica foi criada em 8 de julho de 1711 sobre dois arraiais vizinhos, o de Ouro Preto e o de Antônio Dias. Pela ata de criação da vila, vemos que o governador Albuquerque já se instalou em casa de sua morada. Também pelas atas da Câmara da vila, podemos fazer uma idéia do seu relativo desenvolvimento. Já havia casa da Câmara, em 1711, e depreende-se que o tamanho da povoação devia ser regular, pois os editais eram afixados em mais de um local público. Aliás, sabemos que incorporados à vila foram não só os dois arraiais primitivos, como outros, próximos. É muito provável, também, que antes de 1713 as coberturas das casas fossem na Vila Rica todas feitas de palha. Com efeito, se, de acordo com documento citado por Salomão de Vasconcelos, a primeira olaria apareceu no Ribeirão do Carmo, que era a vila mais importante, somente naquele ano, não é natural que a vizinha Vila Rica já contasse, antes, com tal progresso no sistema de construções. E é de se notar, aliás, como foi ele tardio nas Minas, o que indica a pobreza da vida dos donos de tanto ouro. Nas vilas do litoral, Bahia, São Vicente, Rio de Janeiro, a telha aparecia logo, como vimos ao tratar do século XVI.

Mas o movimento de criação de vilas foi se ampliando. No arraial de Sabará, que era o mais importante dentre os povoados mineiros das margens do rio das Velhas, criou o benemérito Albuquerque, a 17 de julho de 1711, mal chegado a Vila Rica, a Vila Real de Sabará.

Em 8 de dezembro de 1713, d. Brás Baltasar da Silveira, governador de São Paulo e Minas, vai até o arraial do Rio das Mortes e o transforma na vila de São João d'El-Rei, em homenagem ao soberano. Este nome não se impôs logo. Até o fim do século era corrente chamar-se a vila, ainda, pela sua antiga designação (note-se que há quem suponha que o nome vem do fundador do arraial, Tomé Portes d'El-Rei, mas a ata de fundação da vila é peremptória neste ponto).

Vila Nova da Rainha foi fundada no arraial de Caeté, perto de Sabará, em 29 de janeiro de 1714, por um representante de d. Brás, que a instalou dias depois.

Também no norte da capitania, na mesma data de 29 de janeiro de 1714, criou-se a Vila do Príncipe, hoje cidade do Serro.

Mais para oeste, no arraial de Pitangui, que foi também dos primeiros do tempo da descoberta, d. Brás mandou fundar, a 27 de dezembro de 1715, a vila de Nossa Senhora da Piedade, atual Pitangui.

E perto de São João d'El-Rei, no antigo arraial de Ponta do Morro, que então se chamava Arraial Velho (o que demonstra que era mais antigo que o do Rio das Mortes), d. Pedro de Almeida, futuro Conde de Assumar, fez fundar em 19 de janeiro de 1718 uma vila com o nome de São José.

Oito, pois, eram as vilas existentes até 1718. Duas no centro, duas no caminho do norte, uma no norte, três a oeste.

Pouco depois da fundação das vilas (em cumprimento, aliás, à ordem da Coroa), é natural que os modestos núcleos progredissem. Abriam-se estradas, construíam-se pontes, erguiam-se novos edifícios públicos e particulares, inclusive capelas e igrejas. Ao lado disto, organizava-se a vida coletiva dentro de moldes mais civis, com a introdução de administração e polícia.

Na parte de polícia os cuidados em Minas foram sempre especiais, pois, como já tem sido observado pelos sociólogos, o trabalho de mineração é daqueles que não podem ser realizados dentro de um ambiente social em que não estiverem consolidadas a segurança individual e a propriedade.

Desde cedo foram criadas em Minas as tropas de dragões, que patrulhavam sem cessar os poucos caminhos abertos ao tráfego de mercadorias importadas e do metal e pedras exportados.

A estreita vigilância, a qualidade em geral boa das tropas, como acentuam ainda no século seguinte observadores como Saint-Hilaire, fizeram que a civilização mineira, passados os primeiros lustros de instalação turbulenta, se firmasse tanto quanto possível sobre bases de ordem e paz, Quanto ao progresso material, é provável que não fosse muito acentuado, pelos menos até a segunda metade do século. Sabemos que algumas vilas como Vila Rica, Ribeirão do Carmo (elevada à categoria de cidade de Mariana, em 1745) ou São João tiveram, na primeira metade de centúria, edifícios importantes. Mas eram poucos numerosos. E, quanto às outras vilas mais distantes, eram francamente pobres.

No diário de viagem do governador d. Pedro de Almeida a Vila Rica (1717), lemos que São João d'El-Rei, já então vila, "é das piores, por ter quase todas as casas de palha, e umas mui separadas das outras e justamente pelas lavras de ouro, que ficam tão perto delas, que hoje se fazem, amanhã as botam em terra para trabalhar".

É verdade que em 1721 iniciava-se em São João a construção da matriz.

Igualmente pelos documentos relativos à elevação do arraial do Fanado à categoria de vila (1731), verificamos que a Vila do Príncipe se compunha "de sessenta casas, poucas destas cobertas de telhas e as mais de palha e nunca terá aumento pela ruim parage em que fica".

Depois da primeira fornada de criação de vilas, foram descobertos ao norte da capitania, perto do rio Arassuaí, veios auríferos desconhecidos, que tomaram por isto mesmo o nome de Minas Novas, constituindo-se o arraial chamado do Fanado.

Minas Novas do Fanado passou à jurisdição do Governo da Bahia, e a 2 de outubro de 1731 foi o dito arraial transformado em vila, pelo governador da Bahia, Vasco César de Meneses, sob o nome de Nossa Senhora do Bom Sucesso. Voltou a pertencer a Minas em 1757.

Em seguida ao Fanado, só no fim do século se criam novas vilas, sobre os mais importantes arraiais de mineração.

Na zona de oeste, em 18 de janeiro de 1790, o governador Visconde de Barbacena fez instalar, pelo ouvidor de Rio das Mortes, a vila de São Bento do Tamanduá, atual Itapecerica. Em 19 de setembro do mesmo ano, o Visconde preside pessoalmente no antigo arraial de Carijós, situado sobre o Caminho Novo, perto de Vila Rica, à criação da vila de Queluz, atual cidade de Lafaiete. No ano seguinte, 1791, o ridente arraial serrano de Igreja Nova, cantado por Dirceu, lugar de passagem e pousada sobre o Caminho Novo, foi igualmente transformado em vila por Barbacena, que lhe deu seu próprio nome. No crepúsculo do século, a 20 de outubro de 1798, são criadas mais duas vilas no sul e no noroeste, por Bernardo José de Lorena, que substituiu a Barbacena no Governo. A do sul foi Campanha, a do noroeste Paracatu, ambas ilustres por suas tradições intelectuais.

Não nos deteremos aqui em pormenorizar as admiráveis riquezas arquitetônicas que se acumularam nas principais vilas mineiras no correr, principalmente, da segunda metade do século XVIII. Isto seria capítulo de um curso de História da Arte.

Mas, como observação geral, é cabível a de que então se formou uma surpreendente civilização material nas montanhas, como admiráveis palácios, igrejas, chafarizes, pontes, que ainda hoje nos espantam e comovem. Sendo por demais conhecidos de todos vós, não me preocuparei em citar nomes desses monumentos.

Se as vilas, que aos poucos foram se estendendo por todo o território mineiro, atestavam o progresso da civilização, o mesmo não se podia dizer dos caminhos. A tradição portuguesa das más estradas se acentuava fortemente em Minas, por causas políticas. Quanto mais abundantes fossem as estradas tanto mais fácil se tornaria o contrabando do metal e das pedras, e mais difícil a ação do fisco real.

Daí a sucessão de medidas drásticas, adotadas pela Coroa, para evitar o mais possível a formação de uma rede de comunicações na capitania. Xavier da Veiga nos refere as seguintes: carta régia de 25 de março de 1725 e ordem de 29 de abril de 1727, suspendendo a abertura de um caminho de Minas para Mato Grosso. Ordens de 30 de abril de 1727 e 15 de setembro de 1730, proibindo que se abrisse um novo caminho de Minas para São Paulo, além do já existente, por nós referido, que datava das primeiras bandeiras de exploração. Ordem de 9 de abril de 1725, proibindo que se rasgasse, ao sul, um caminho da região do Aiuruoca para a zona do rio Paraíba (esta foi a direção tomada, no tempo do Império, pelo movimento imigratório de Minas para a província do Rio, promovido pela lavoura do café). Ordem de 12 de outubro de 1758, mandando processar o padre Antônio Gonçalves de Carvalho e seus consócios pelo "crime" de terem aberto a dita picada.

Além disso, nas *Publicações do Arquivo Nacional*, vol. XXI, depara-se-nos o alvará de 27 de outubro de 1733, que dispõe de forma geral e peremptória "que se não abram novos caminhos ou picadas para quaisquer minas, ou já descobertas ou que se descobrirem para o futuro, e que, no caso de ser conveniente abrirem-se, se represente primeiro a Sua Majestade, e se não abram sem sua licença".

Três eram os caminhos de penetração oficial para as Minas e deles nos dá minuciosa relação o exato Antonil. A antiga estrada das bandeiras partia da Mantiqueira. Até esta serra vinham os viajantes do Rio, por Parati, Taubaté, Pindamonhangaba e Guaratinguetá. De São Paulo, vinham por Mogi, e pelas mesmas vilas acima citadas. De Guará é que se partia, como já dissemos, para transpor a serra pelo Embaú. Já demos acima o traçado aproximado do caminho até às margens do rio das Velhas, quando fizemos referência à entrada de Brás Cubas.

Para a Vila Rica a encruzilhada se fazia em Itatiaia, depois do arraial de Ouro Branco, que ainda hoje existe ao pé da serra de igual nome.

O Caminho Velho em breve se revelou insuficiente. Não só a passagem de Mantiqueira era um verdadeiro tormento, pelo íngreme da serra e pelos lamaceiros e matas onde se perdiam os cavalos carregados, como também impunha uma volta muito grande nas comunicações entre as Minas e a cidade do Rio. Assim, desde 1700, Garcia Rodrigues Paes, filho de Fernão Dias, começa a abrir o chamado Caminho Novo. No fim de seis anos não estava ainda concluído, mas o foi logo por outro paulista, Domingos da Fonseca Leme, que tinha sido um dos descobridores do ouro do Sabarabuçu e foi depois provedor dos quintos na Borda do Campo (Barbacena). Em menos de seis meses, diz uma patente publicada por Xavier da Veiga, estava o caminho concluído por Leme, de onde se conclui o seu acabamento antes de 1710. Aliás, isto fica confirmado pelo livro de Antonil, que é de 1711 e o dá como pronto. Este caminho é mais ou menos o de hoje, pela estrada de automóvel. Transporta a baixada, o que se podia fazer por terra ou por água até Pilar, galgava-se a serra da Estrela, passando por um caminho à beira do qual foram se formando as povoações que mais tarde se tornariam em Correias, Simão Pereira, Matias Barbosa, Juiz de Fora, João Gomes (Santos Dumont) e Barbacena. Daí por diante a estrada era a mesma que vinha de São Paulo. Petrópolis, como é sabido, só foi fundada em 1843, na antiga fazenda do Córrego Seco.

O Caminho Novo, aberto subitamente, atravessava em grande parte zonas desabitadas, ao contrário do Velho, que, praticado desde bastante tempo. foi sendo bordado de estabelecimentos rurais e povoações. Assim, pouco tempo depois de inaugurado, já em 1710 estava o Caminho Novo impraticável, por falta absoluta de mantimentos para os viajantes que dele se serviam. Os comerciantes do Rio fizeram uma petição ao governador Castro Morais, solicitando permissão para usar o caminho de Parati, isto é, o Caminho Velho, pois a falta de mantimentos no Novo impedia a passagem de tropas e praticamente suprimia o comércio com as Minas. O governador cedeu, contanto que fosse temporário o tráfego pelo Caminho Velho e que a vinda do ouro se fizesse sempre pelo Novo. passando pelo Registro do Paraíba.

Para a Bahia a estrada saía da barra do rio das Velhas (até aí já conhecemos o percurso, do lado mineiro), varando o interior da capitania mais de 200 léguas, até às vilas de Santo Antônio (João Amaro), Cachoeira e a capital. Embora mais longa, era a estrada da Bahia melhor que a do Rio, segundo testemunho de Antonil, naturalmente porque não topava as dificuldades das serras. Acioli informa, nas suas *Memórias Históricas*, que pelo caminho da Bahia se escoava muito ouro das Minas (provavelmente das regiões de Sabará para o norte), desde a primeira metade do século.

A técnica da mineração evoluiu com o decorrer do século, embora tenha sempre se mantido atrasada, relativamente às possibilidades da época. A princípio os paulistas apenas procuravam o ouro, não se preocupando ainda em explorá-lo. Utilizavam-se então dos meios mais primitivos, afastando o cascalho do leito ou das margens dos ribeirões e apurando-o em instrumentos toscos de emergência, dizem que até nos próprios pratos de estanho. O descobrimento efetivo das minas, a vinda de escravos, a fixação da população vieram aperfeiçoar estes métodos de trabalho. A bateia, vasilha cônica de madeira, própria para separar o metal do cascalho, originária provavelmente da África, representou um passo importante, pela generalidade do seu uso.

A exploração do ouro estava ligada à água. Dentro do leito dos ribeiros (ouro da água ou da madre), ou nas margens deles (ouro de tabuleiro), mais longe, nas encostas das serranias (ouro de grupiara), era o metal retirado do cascalho, da piçarra e mesmo do desmonte de pedra com auxílio da água.

Dentro do leito fazia-se o "cerco" de uma zona junto à margem, como uma espécie de tapume de madeira, no interior do qual cavava-se a "cata", onde se trabalhava com a bateia, como se se estivesse fora. Nos tabuleiros ou margens fazia-se a cata mais facilmente e a apuração em bateias. Nas grupiaras o processo já se complicava. Era preciso trazer do alto a água (às vezes elevada artificialmente, com esforço, e recolhida em recipientes) e fazê-la escorrer pelas encostas, lavando o morro. Este ouro de lavagem era conduzido por regos, através de recipientes de decantação, chamados "canoas", "bolinetes" ou "mundéus", sendo estes os mais baixos, até às faldas dos montes, onde se apurava a terra aurífera por meio de bateias, de couros de animais, em cujo pêlo se grudava a poeira desejada.

Desde que se descobriu o processo de lavar o ouro das encostas, a posse da água tornou-se fonte de toda espécie de violências e vexações. Havia lavras paralisadas durante largo tempo à espera das decisões de arrastados processos, sobre a repartição das águas. Em seguida a uma petição de Garcia Rodrigues Pais, o desbravador do Caminho Novo, atribui-se a uma autoridade, o guarda-mor, o ofício de dirimir as contendas sobre as águas, sem as quais eram inúteis as minas de grupiara.

O ouro de veio, contido na rocha, era explorado a "talho aberto" (isto é, abrindo-se sulcos mais ou menos profundos na rocha), ou em galerias. As pedras, no período mais adiantado, já eram trituradas a pilões, movidos por rodas-d'água. Também, como dissemos, se abriram galerias, nunca muito profundas, principalmente por causa das dificuldades de arejamento.

Pouco antes de 1730, outra grande riqueza veio se acumular à do ouro: o diamante. Encontradas as jazidas a pequena distância da Vila do Príncipe, por mineradores desta zona, passou em breve a constituir a extração das pedras um capítulo à parte, na civilização mineira. A ela se deve a formação do admirável arraial do Tijuco, atual cidade de Diamantina, cujos restos subsistentes constituem ainda precioso tesouro do nosso patrimônio histórico.

É curioso que o arraial do Tijuco, centro tão rico e movimentado, nunca tenha sido vila. Passou diretamente de arraial à categoria de cidade, com o nome de Diamantina, em 1831.

Joaquim Felício dos Santos, nas famosas *Memórias do Distrito Diamantino*, fornece preciosos subsídios para a história da civilização da sua terra. Trecho dos mais interessantes para nós é aquele em que o cronista descreve o palácio da mulata Chica da Silva, amante de João Fernandes de Oliveira, último contratador dos diamantes. Segundo depõe Felício dos Santos, este palácio, construído provavelmente antes de 1770 e que só foi demolido em meados do século XIX, para com os seus materiais se construírem casas dentro da cidade (convém aliás estudar quais sejam estas casas), era um edifício em forma de castelo, com capela e teatro particulares, lindo jardim com plantas exóticas, cascatas artificiais e até um pequeno lago, onde navegava uma perfeita miniatura de navio, que podia levar a bordo até 10 pessoas. Foi este um dos caprichos da mulata de luxo.

O arraial, diz ainda Felício, muito progrediu durante o último contrato. "Sua população aumentou-se consideravelmente, construíram-se elegantes e valiosos edifícios, seus principais templos datam desse tempo, o comércio desenvolveu-se mais permanente."

O gênero de trabalho nas Minas exigia escravos que se adaptassem ao manejo de instrumentos e máquinas relativamente complicados. Isto talvez tenha contribuído para a formação de um ambiente popular em que se desenvolveu a aptidão para as artes manuais, levada a tão alta expressão por certos mestiços, descendentes dos lusos e dos negros das Minas.

Deixemos, porém, a capitania de Minas Gerais, a que demos naturalmente maior importância por ter sido o centro principal da civilização brasileira no século XVIII, e passemos a outras regiões de mineração. Comecemos cronologicamente por Mato Grosso, um novo mundo revelado ao Brasil desde o início do século.

Foi, com efeito, em 1718, que Antônio Pires de Campos atingiu o rio Cuiabá, vindo de São Paulo, na caça ao índio. Esta imensa viagem foi feita — e continuaria a ser durante algum tempo — pelas águas dos rios, servindo a canoa, como já se disse, de cavalo ao bandeirante. Partia-se de São Paulo pelo Tietê, embarcando em Porto Feliz. Venciam-se as corredeiras até a foz do Paraná, pelo qual se subia até o rio Pardo, seu afluente da margem direita, e por este acima até as cabeceiras. Aí se transportavam as canoas por terra — a princípio às costas dos índios e mais tarde, depois da colonização de Mato Grosso, em grandes carros de quatro rodas, com 12 a 14 bois — até as fontes do rio Camapoã, por cujas águas se descia até o desaguadouro do Coxim. Pelo Coxim abaixo se prosseguia até encontrar o Taquari, o rio que forma os pantanais. Descia-se por ele, aproveitando às vezes os surgidouros da zona pantanosa, até alcançar o majestoso Paraguai. Não estava, porém, finda a incrível jornada. Era mister percorrer o Paraguai, a montante, até à boca do Cuiabá, e subir por este para afinal se encontrar a zona onde, a partir de 1719, Pascoal Moreira Cabral, os irmãos Antunes Maciel, Miguel Sutil, os irmãos Leme e outros começaram a exploração de uma das mais ricas manchas auríferas do Brasil e iniciaram uma das mais duras e trágicas páginas da nossa civilização.

A princípio, tal como se dera nas Gerais, formaram-se os arraiais do ouro. Houve, entre outros, o de São Paulo e o de Forquilha. Com o descobrimento das opulentas lavras de Miguel Sutil, concentrou-se nelas toda a população que minerava nas cercanias do Cuiabá e ali se erigiu um arraial mais importante, transformado em 1722 por d. Rodrigo de Meneses, governador de São Paulo, a quem estavam submetidas as novas descobertas, na Vila Real de Bom Jesus de Cuiabá.

A vila, diz o Barão de Melgaço, era "uma aglomeração de casas sem ordem, com ruas estreitas e tortuosas. Casas térreas construídas de taipa ou adobres". A igreja pequena. Mas já em 1780 sabemos que a igreja de Sant'Ana da Chapada, próxima à vila, tendo sofrido estragos com as cheias, foi restaurada com novo frontispício de pedra chamada tapanhoacanga, corredores de um e outro lado, duas torres, forro de tábuas por cima e por baixo, três altares de rebolo, três ordens de grades para o arco da capela-mor, para o cruzeiro e para o coro, tribunas, púlpitos, confessionário e guarda-pó (*Compêndio das Notícias de Cuiabá*). Uma igreja assim catita já mostra a melhoria da vila.

Em 1734 descobriu-se mais ouro nos contrafortes da serra dos Parecis, a 100 léguas a noroeste de Cuiabá. Por ali surgiram logo alguns arraiais. Um deles, o de São Francisco Xavier, chegou a ter, em 1737, capela de pedra e barro, sendo erigida em paróquia no ano de 1743.

Outro arraial, fundado naquele ano de 1743 pelos irmãos Pais de Barros, era o de Pouso Alegre.

Em 1748 foi criada a capitania independente de Mato Grosso, e o seu primeiro governador, o enérgico d. Antônio Rolim de Moura, fez de Pouso Alegre a sede do seu Governo, elevando-o à categoria de vila, com o nome de Vila Bela, em 1753. Diz-se que tão ermo era o lugar da vila que os moradores, por falta de acomodações, tinham que habitar no arraial de São Francisco e o próprio governador assistia numa palhoça. Aos poucos foi melhorando; era muito bem traçada, situada à margem direita do Guaporé, com largas ruas que se cortavam em ângulo reto. Foi capital de Mato Grosso até 1820, quando d. João VI transferiu a sede do Governo para Cuiabá. Em 1818 fora dado a Vila Bela o título de cidade de Mato Grosso. Suas casas eram de adobe, barreadas por fora a tabatinga. No fim do século tinha pelo menos duas igrejas, a da Trindade e a de Santo Antônio.

No lugar do Camapoã, onde se fazia a baldeação das canoas, com o tempo formou-se um estabelecimento assaz importante, que vivia de fornecer os necessários recursos aos viajantes. Estes não cessaram até ao fim do século, pois, apesar das estradas terrestres que se abriram, como logo veremos, os paulistas faziam freqüentemente o percurso por água, para a sua capitania.

Além das vilas, os núcleos de civilização em Mato Grosso foram a princípio os fortes. Em Minas Gerais, capitania interna, não houve necessidade de fortificações, mas o mesmo não se dava em Mato Grosso, imensa terra que entestava com as possessões espanholas, por vagas e malsabidas fronteiras.

Não podemos assim deixar de dar aos fortes de Mato Grosso especial atenção, que negamos aos de outros lugares, como o Rio e Santos, onde eles não foram o elemento decisivo de penetração da civilização.

Em 1775, o governador Pereira e Cáceres iniciou um fortim, que chamou Nova Coimbra, à margem ocidental do rio Paraguai, onde este deixava o território português para atravessar o espanhol. Este fortim, que sofreu um incêndio e um ataque dos guaicurus, foi mudado em 1797 para local próximo, em que hoje está o forte de Coimbra. Grande era a importância estratégica desta posição, ocupada pelos paraguaios de 1864 a 1868.

O grande e belo forte do Príncipe da Beira foi iniciado em 1776 pelo mesmo governador, com trabalhadores vindos do Pará e Rio de Janeiro. Ergueu-se na margem direita do Guaporé, acima da sua confluência com o Mamoré, perto de um fortim construído alguns anos antes, mas já arruinado então. O forte do Príncipe da Beira custou enorme dispêndio de trabalho e dinheiro e só ficou terminado em 1783. Foi traçado segundo as regras clássicas de Vauban. Pizarro diz dele que "é de cantaria, com um portão majestoso na face norte, tendo na frente um revelim com ponte levadiça, uma famoso fosso, cisterna, paiol subterrâneo, hospital, armazéns, quartéis, prisões, capela, casa do governador, etc., sem que de fora se veja algum desses edifícios".

O presídio fortificado de Miranda foi construído em 1797, a 30 léguas do forte de Coimbra.

Além disto, foram levantadas outras fortificações ligeiras, ao longo das margens do Paraguai e do Guaporé, para garantir o caminho fluvial para o norte, entre Mato Grosso e Pará.

Afora as estradas de água, conheceu a capitania, no século XVIII, um grande caminho terrestre, aberto pelo primeiro governador, Rolim de Moura, a fim de encurtar os transportes e obviar aos ataques das tribus marginais. Um dos seus ramos cortava os sertões, partindo de Vila Bela, passava por Cuiabá e Goiás e daí entrava em Minas rumando para o sul, atingia a povoação mineira de Paracatu, depois sede da comarca do mesmo nome, e daí descia até São João d'El-Rei, de onde ganhava o Caminho Novo, provavelmente na Borda do Campo (Barbacena), continuando então para o Rio de Janeiro.

Com o norte é que as comunicações continuavam sempre fluviais. Havia duas rotas: uma que descia pelo Guaporé, Madeira e Amazonas, até Belém, e outra pelo Arinos e Tapajós. Esta era muito mais curta.

No fim do século XVIII a população total da capitania era calculada em menos de 27 mil habitantes, sendo que havia pouco mais de 4 mil mulatos. Os índios, na zona colonial, eram escassos. Não chegavam a dois mil.

Passemos à capitania de Goiás, mística, como então se dizia, com a de Mato Grosso e cuja colonização de pouco se lhe seguiu. As primeiras entradas nela se fizeram, no século XVII, em busca de índios e foram as de Manuel Correia e Bartolomeu Bueno, o velho. Ambos trouxeram algum ouro de amostra, mas não seria o metal tão abundante que induzisse os paulistas a uma súbita migração, como se deu logo nas Gerais. Foi o filho do Anhangüera, também chamado Bartolomeu Bueno, que, em companhia de numerosa comitiva, de pé e de cavalo, procedeu às duas verdadeiras viagens de descobrimento de Goiás. Tinha Bueno, aos 12 anos, acompanhado o pai na sua expedição e por isso intentou seguir-lhe as pegadas. Não o conseguiu na primeira vez, em que demorou três anos e percorreu centenas de léguas, com grandes dificuldades de que muitos pereceram. Mas da segunda feita, em 1726, encontrou Bueno, afinal, o lugar que fora pouso do pai mais de 40 anos antes. Arranchando ali, deu início ao estabelecimento que seria a futura Vila Boa de Goiás, capital do estado até pouco.

Encontrado o ouro em vários córregos mais ou menos distantes, partiu Bueno para S. Paulo com copiosa amostra dele e breve voltou para os seus descobertos. Cedo acorreram de todas as partes os mineiros, inclusive os geralistas, como então se chamavam os que vinham das Gerais.

Os arraiais do ouro logo brotaram do chão. Nos diferentes julgados da capitania, cerca de 50 deles foram fundados desde os descobrimentos, até o fim do século, sem contar 9 aldeias de índios.

Somente os arraiais formados mais ao sul da capitania não tiveram a sua origem na faina da mineração. As datas de fundação dos arraiais do ouro foram em geral entre 1730 e 1750 e eles se derramam a distâncias consideráveis, por vezes a mais de 100 léguas de Vila Boa, nas direções norte e nordeste.

Aqui, daremos somente os nomes das mais importantes povoações que se encontravam a leste de Vila Boa, no caminho entre esta e Minas Gerais. A capital da capitania, criada com a de Mato Grosso em 1748, era, como já se disse, Vila Boa, título e nome que tinham sido dados em 1739 ao arraial de Sant'Ana pelo governador de São Paulo (que então também tinha jurisdição sobre Goiás), d. Luís Mascarenhas. Foi ele quem traçou o plano da vila, seguido com poucas alterações. Também contribuiu para a urbanização dela o famigerado governador d. Luís da Cunha Meneses, estigmatizado por Tomás Antônio Gonzaga, nas *Cartas Chilenas*, sob o nome de Fanfarrão Minésio. Cunha Menezes, cujo gosto pela arquitetura igualmente se revelou em Minas, refez pontes arrastadas pela cheia do rio, plantou uma alameda no largo do chafariz, cujas árvores depois se cortaram sob pretexto de que as suas raízes envenenavam as águas. Riscou ele próprio a planta da "casa do açougue", bem como o plano de uma aldeia de índios. Finalmente, diz o padre Silva e Sousa, de quem tomamos estes dados, "cuidou em alinhar as ruas e aperfeiçoar os edifícios, escrevendo ao corregedor a este respeito, e deixou em capítulo de correição que se observasse à risca a regularidade do prospecto que se tinha estabelecido".

Vila Boa foi o único arraial goiano elevado à categoria de vila no século XVIII. Segundo assegura Cunha Matos (e é natural, pois o mesmo se passou em Ouro Preto), a vila foi maior no tempo do prestígio da mineração do que depois. Podemos assim considerar que não estaria longe do aspecto que tinha no fim do século XVIII a descrição que dela nos fazem dois viajantes estrangeiros: o alemão Pohl e o francês Saint-Hilaire. Teria a Vila Boa naquela época cerca de 600 fogos, com pouco mais de 5.000 habitantes, segundo a estimativa de Silva e Sousa, que, por mais antiga e feita por residente no lugar, aqui preferimos seguir. A maioria da população era de cor e escrava. Os casamentos eram raros, como se vê na estatística de Silva e Sousa e numa observação escandalizada de Saint-Hilaire. Os costumes, bastante soltos. A matriz, ereta em 1743, sofreu desabamento do teto em 1759. Consertada, já no princípio do século XIX estava de novo em ruínas. Os edifícios públicos importantes eram a casa da Câmara, a Intendência do Ouro (estabelecida em 1752), o quartel (iniciado em 1751), os palácios do governador e do bispo etc. Estes dois palácios eram térreos, como a maioria das construções da vila, mas a Intendência e a Câmara assobradadas. As casas, quase todas de taipa ou adobe e geralmente sem vidraças, que se substituíam por lâminas de mica, abundante no local (deve-se notar este pormenor). As pontes que cruzavam o rio Vermelho eram de madeira.

A menos de 30 léguas a leste de Vila Boa, no caminho de Minas, ficava o arraial de Meia Ponte, atual Pirinópolis, a mais importante povoação da capitania depois da capital, elevada a vila e depois a cidade, no século XIX.

O seu florescimento se devia sobretudo à excelente posição, que fazia de Meia Ponte um centro importante de comunicações. Cruzavam nele as tropas de Cuiabá e Vila Boa com as que vinham do Rio, Minas, São Paulo e Bahia, para aquelas localidades.

A pouco mais de 20 léguas de Meia Ponte, sempre em direção a Minas, ficava o arraial florescente de Santa Luzia de Goiás, fundado pelos mineradores em 1746. Saint-Hilaire e Pohl descrevem-no sob cores favoráveis, embora ao tempo destes dois viajantes o arraial já tivesse acompanhado a decadência da mineração. A propósito de Santa Luzia, transcreverei mesmo algumas linhas de Saint-Hilaire, que se podem aplicar por extensão aos vilarejos brasileiros da zona e da época do ouro e que nos transmitem uma excelente impressão sobre eles. Diz o francês:

"Il ne faut pas juger des villages du Brésil par les nôtres, qui, en général, n'offrent qu'une triste réunion de chaumières et de rues fangeuses. La plupart des villages de Minas et de Goiaz, que doivent leur origine à des mines d'or, out dû être charmants dans le temps de leur splendeur."[1]

Além destas povoações que citamos como provavelmente as principais no século XVIII (e é natural que o fossem, pois se situavam no caminho das regiões mais civilizadas), outros arraiais havia, como já lembramos, esparsos pelo norte até aos confins da capitania. Vinham do tempo áureo. Os caminhos eram longos e penosos. O transporte se fazia a cavalo e também por canoas, sendo que no fim do século se procurou estimular a navegação do Araguaia e do Tocantins. Para a banda do nascente saía a estrada da Vila Boa e seguia até ao registro dos Arrependidos, cortando vários arraiais, dos quais os mais importantes eram os já citados de Meia Ponte e Santa Luzia. Pouco mais de 60 léguas. O caminho do norte é que era imenso: mais de 280 léguas. Seguia da Vila passando por mais de vinte povoados, entre os quais Crixá, Água Quente, Cavalcanti, Porto Real, Pontal e o registro de São João das Duas Barras merecem citação. Porto Real foi, no Império, Porto Imperial e passou a ser hoje Porto Nacional. Fica à margem do Tocantins. São João das Duas Barras, no extremo setentrional da capitania, ficava na confluência do Araguaia com o Tocantins e era um registro destinado a impedir a evasão para o Grão-Pará do ouro proveniente das minas na zona norte de Goiás.

O caminho do sul passava também por Meia Ponte e seguia por pequenas aldeolas, inclusive as do Paranaíba, das Pedras, Sant'Ana, o registro do rio das Velhas, afluente do Paranaíba (o qual não deve

---

[1] Santa Luzia de Goiás é a atual Luziânia, cidade próxima a Brasília. (Nota de 1971.)

ser confundido com o de igual nome, afluente do São Francisco), e ia até ao rio Grande, acerca de 130 léguas da Vila Boa. O rio Grande é que forma o Paraná em junção com o Paranaíba. Ao sul, como a leste, os caminhos iam, pois, ter a Minas. Ao poente ficava a estrada que, como dissemos ao tratar de Mato Grosso, ia dar em Cuiabá. Em Goiás passava por Pilões e também provavelmente por Amaro Leite. Segundo o cálculo de Silva e Sousa, para 1804, o total de habitantes da capitania era de 50.000. Podemos ter esta cifra como aproximada do que seria a população de Goiás no fim do século XVIII.

Passada esta revista pela extrema zona da mineração, vamos observar agora um dos processos mais interessantes da civilização brasileira no século XVIII: a incorporação do Rio Grande do Sul.

Na justa expressão de Fernandes Bastos, até o século XVIII o Rio Grande não era Brasil, porque este terminava com a serra do Mar, e também "não era Prata, porque o Prata começava ao sul da lagoa Mirim e ao oeste do rio Uruguai. Era uma terra divisória".

O nome do Rio Grande de São Pedro fora dado pela expedição de Martim Afonso de Sousa, em homenagem a Pero Lopes, e ao canal que liga a lagoa dos Patos ao mar, o qual, tal como a entrada da baía de Guanabara, foi tido erroneamente como sendo um rio.

Aos poucos, o nome do suposto marco geográfico se estendeu às terras próximas, também como o do Rio de Janeiro. Mas o continente do Rio Grande de São Pedro só no século XVIII se fez brasileiro. Antes disto oscilava ao sabor dos malsabidos limites meridionais entre as terras de Portugal e de Castela, sendo, porém, predominante a impressão favorável à última, tanto que, de um modo geral, as cartas geográficas dos séculos XVI e XVII excluem do Brasil o Rio Grande.

Depois da expulsão dos jesuítas, vindos do Paraguai, das suas primitivas reduções riograndenses, episódio já referido na lição anterior, o gado bovino que eles tinham aclimado na margem oriental do Uruguai se desenvolveu enormemente, à lei da natureza. O gado entrara no Paraguai, vindo de São Vicente, no século XVI.

Na centúria seguinte veio do Paraguai para o Rio Grande e constituiu a base econômica da ocupação lusitana.

Mas a causa imediata da exploração do território foi a necessidade de comunicação da Colônia do Sacramento com a capitania de São Paulo, que compreendia Paraná e Santa Catarina. Em 1703, Domingos da Filgueira escreveu um roteiro da viagem entre a Colônia e Santos e por ele se vê que eram desertas as vastas terras do chamado continente de S. Pedro. Em 1722, Brito Peixoto, o patriarca da Laguna, empreendeu por elas uma expedição exploradora. Em 1725, João de Magalhães, genro de Brito Peixoto, partindo da Laguna, se estabelece nos campos do Viamão, perto da atual Porto Alegre, com invernadas de gado. Em 1730 já estavam abertos os dois caminhos entre a Laguna e a Colônia: o que seguia junto ao litoral e o que cortava pelo interior, atravessando os campos de Curitiba e de Vacaria. Mas foi em 1737 que se deu o ato mais importante da ocupação do Rio Grande. Não tendo surtido efeito o projeto de povoamento do continente de S Pedro, a partir da Colônia do Sacramento, resolveu Gomes Freire fundar um estabelecimento no litoral. Para isto, a 19 de fevereiro daquele ano, o brigadeiro Silva Pais desembarcou na margem sul do canal que liga ao mar a lagoa dos Patos e ali fundou uma cidadela com três fortes, em local escolhido, por sua ordem, por Cristóvão Pereira, que nele erguera já um fortim de fachina. Em torno aos fortes de Silva Pais foram se aglomerando moradores, alguns dos quais saídos da Colônia, outros das capitanias do norte e alguns casais vindos dos Açores, preenchendo um plano efetivo de povoamento.

Em 1751 foi a povoação elevada a vila. Ergueram-se nela uma casa de residência dos governadores, um armazém, um hospital e um quartel, tudo em tijolo, e muitas casas particulares amplas, de pau-a-pique. Não havendo pedra no local, não havia naturalmente construções desse tipo. Em 1763 foi a vila tomada pelos castelhanos, que a ocuparam até 1776. Neste período se despovoou, evidentemente, dos moradores portugueses, que vieram aumentar a população de Porto dos Casais (Porto Alegre), Santa Catarina e sobretudo o Viamão. Este local, como vimos, já servira de sede às invernadas de gado de João de Magalhães, no princípio do século. Depois nele se estabeleceram alguns casais açoreanos e em 1741 já o Viamão tinha capela. Com a tomada da vila do Rio Grande pelos espanhóis, o governador mudou a sede do Governo para o Viamão, ficando o povoado com as honras de capital.

Em 1742, sessenta casais açoreanos se estabeleceram à margem do Guaíba, um pouco a leste da lagoa do Viamão, a cerca de 60 léguas do núcleo do Rio Grande, e fundaram uma povoação com o nome de Porto dos Casais. Estes casais açoreanos são os verdadeiros povoadores do Rio Grande, e alguns dos seus componentes ainda existiam, quase centenários, por ocasião da chegada da corte, em 1808. Em 1772, foi Porto dos Casais desmembrado da freguesia do Viamão e no ano seguinte o orago da sua capela passou a ser N. S. de Porto Alegre, nome que também tomou a futura vila, a qual, aliás, só teve esta categoria em 1810. Entretanto, desde 1773 o Governo da capitania se transportou do Viamão para Porto Alegre, o que indica a sua maior importância. De fato, se dermos crédito à informação contemporânea, a florescente povoação devia ter mais de 5.000 habitantes, quando foi feita capital. Rio Pardo, a 20 léguas a oeste de Porto Alegre, já tinha alguns vizinhos afazendados quando, em 1752, ali se construiu um forte e depósito de munições e mantimentos, não só para defesa contra as tapes, mas também como base militar para as expedições demarcatórias das fronteiras, de acordo com o tratado de 1750. Em torno ao forte se constituiu a povoação, que já era considerável nos fins do século. Vila, só em 1809.

Origem igual e desenvolvimento semelhante, embora menor e mais lento, teve Santo Amaro, ao norte de Porto Alegre. Santo Antônio da Patrulha teve origem num registro fundado antes de 1740, a menos de 20 léguas a nordeste de Porto Alegre, em local onde já havia estâncias, com capela. Foi também povoada com casais açoreanos. Povoadores partidos do núcleo de Rio Pardo subiram o curso deste, fixando-se, em 1753, num ponto onde o rio deixa de ser navegável, por causa de uma queda-d'água. O lugar ficou chamado Passo do Fandango, até que em 1779 foi dado à então próspera povoação o nome de Cachoeira, que ainda conserva.

Além das povoações citadas, merecem referência, no século XVIII, as de Mostardas, Estreito (situadas na língua de terra que separa do mar a lagoa dos Patos) e Vacaria. Esta última, localizada no planalto setentrional da capitania, foi sede da extensa zona que se limitava entre a região de Porto Alegre, ao sul, e as margens dos rios Pelotas e Uruguai, ao norte. Por toda esta infindável pastaria, o gado abundava e vivia à solta, originário em parte daquele que os jesuítas trouxeram no tempo das reduções. A freguesia de Nossa Senhora de Oliveira da Vacaria ficava, porém, próximo a Porto Alegre; cerca de 30 léguas ao norte, perto da fronteira de Santa Catarina, mas a menos que isto do mar. E ela representava o marco único de civilização material na pastura sem termo.

Como se vê, a civilização setecentista do Rio Grande pouco se afastou do litoral. A capitania retardatária seguia o mesmo lento progresso que as irmãs do norte, no primeiro século. Aliás coerentemente, pois o século XVIII foi de fato o primeiro para o Rio Grande.

Uma exceção havia: as Missões Jesuíticas do Uruguai. Novas, aliás, não foram todas elas, no século XVIII, pois algumas refloriram em pontos onde já existiam as reduções do século XVII, a que nos referimos na aula anterior. Não podemos considerar a civilização missioneira como incorporada propriamente à seqüência da nossa História Política, pois que foi, afinal, de origem espanhola. Mas o seu desenvolvimento material se deu em parte no atual território brasileiro e por isto é capítulo do nosso estudo.

Expulsos os jesuítas, como vimos, das suas primitivas reduções na margem oriental do rio Uruguai, em 1637, começaram a voltar àquele território meio século depois. Data de então, e mais caracterizadamente do século XVIII, o grande surto dos chamados Sete Povos das Missões. Eram eles: Santo Ângelo, São Francisco de Borja, São João Batista, São Lourenço, São Luís Gonzaga, São Miguel e São Nicolau. Dessas sete aldeias, São Nicolau, São Luís, São Miguel e Santo Ângelo eram, em ordem cronológica, as mais antigas, datando das reduções da primeira metade do século XVII. São Borja, São Lourenço e São João só foram fundadas a partir de 1687, na volta dos jesuítas. Muito se tem escrito sobre esta curiosa tentativa de catequese, de civilização e de ordem social. A nós interessa salientar o aspecto material das Missões. Os Povos, maiores ou menores, eram construídos da mesma maneira. Em torno de uma praça de cerca de 130 metros de extensão, reuniam-se as construções. De uma banda, a igreja, ladeada pelo colégio e o cemitério. Ao lado do colégio, as oficinas e atrás deste grupo de edificações, que formava uma das frentes da praça, havia pomar e horta, onde se cultivavam muito legumes e frutas, da Europa e da América. Os outros lados da praça eram formados pelas casas dos índios, em grupos de 5 e 6 e construídas de parede meia. Atrás dos grupos fronteiros à praça erguiam-se outros, separados por ruas, tudo em geométrica simetria. Havia hospital, cabildo, prisões separadas para homens e mulheres, hospedaria para forasteiros. Esses edifícios são hoje de difícil localização. Por uma planta de São Borja, publicada por Hernandez, vemos que o hospital era ao lado do cemitério. Sombrio presságio, aliás coerente com os recursos do local.

Em São Miguel, que era dos maiores povos, um companheiro de Gomes Freire contou, em 1736, 76 grupos de casas, com 10 ou 12 cada um, o que nos leva a perto de 900 casas. A dificuldade de comunicações fez que se estimulassem as artes mecânicas nas Missões, que deviam se bastar. Isto terá contribuído para a riqueza de algumas das suas construções e para a beleza das suas imagens de santos e outras obras de arte popular. As igrejas foram construídas pelos índios, sob a direção dos padres. Hernandez diz que havia umas, provavelmente mais primitivas, construídas a partir do teto, que era a primeira parte pronta e se apoiava sobre grandes troncos, que serviam de colunas. Depois é que se erguiam as paredes.

A princípio, apenas os alicerces das igrejas eram de pedra. As paredes se faziam de tijolo e os tetos de madeira. O uso da pedra era muito dificultado pela falta de cal, embora se empregasse uma espécie de reboco feito de areia, barro e esterco de vaca, que

Saint-Hilaire ainda encontrou na igreja de São Borja e que resistia muito bem ao tempo. Mais para os meados do século, antes da definitiva expulsão dos padres, que se deu em 1768, foram construídos dois esplêndidos monumentos, a igreja de São Luís e principalmente a de São Miguel. Eram de pedra; e da de São Miguel temos minuciosa descrição devida a Jacinto Rodrigues da Cunha, que visitou o Povo por ocasião da demarcação que se seguiu ao tratado de 1750. Ao lermos hoje esta descrição, ficamos surpresos com a estupenda construção erguida por alguns padres e índios no coração da selva. Suas ruínas se acham felizmente, hoje, preservadas pelo SPHAN.[2]

A pedra não era junta com cal, que não havia, mas com terra batida. A falta de cal fazia também que as abóbadas fossem de madeira, o que determinou o rápido desmoronamento dos tetos. As casas dos índios eram muito pobres, de taipa, cobertas de telhas. Constavam de uma só peça, com duas portas, uma à frente, outra atrás. Jacinto Rodrigues da Cunha faz intencionalmente um paralelo entre o fausto em que viviam os padres e a pouquidão em que os índios vegetavam. Mas devemos dar ao quadro o desconto devido dos dois lados, pois é pintado por parte interessada.

As divergências entre Portugal e Castela, e as de ambas as Coroas com os jesuítas, não permitiam à civilização das Missões estabilidade que lhes garantisse pleno florescimento. Ficou inacabada, como alguns dos seus templos. Com a partida dos padres, em 1768, passaram as Missões ao Governo da administração espanhola, com que ficaram todas, inclusive as do Brasil, até 1801. Neste ano, tendo havido a guerra entre a Espanha e Portugal, foram os Sete Povos conquistados pelos luso-brasileiros. Tanto na administração espanhola como na portuguesa, as Missões decaíram sem cessar. De 50.000 habitantes, que tinham no tempo dos padres, passaram a menos de 8.000, em 1814. Saint-Hilaire,

---

[2] Atual IPHAN (Instituto do Patrimônio Histórico e Artístico Nacional). (Nota de 1971.)

quando as viu pouco depois disto, já encontrou tudo em ruínas, com os restantes índios e índias entregues à sanha e à lubricidade das guarnições portuguesas.

Em 1827, por ocasião da desventura das nossas armas na guerra contra o Uruguai e as Províncias Unidas do Rio da Prata, o caudilho Frutuoso Rivera acabou de despovoar e depredar as Missões, levando os índios que restavam e sem-número de carretas cheias de tudo o que de valor se pudesse transportar. Ficaram apenas as velhas torres e paredes das igrejas, algum monumento funerário e pouca coisa mais, como espectros da civilização extinta. Em 1835, o território das Missões teria 500 moradores.

Antes de terminar o relato sobre a região missioneira, transcreverei uma nota do *Diário* de Jacinto Rodrigues. Descreve ele duas casas de estância, nas Missões, em 1756, "feitas pelos índios, porque, suposto são também cobertas de palha, têm a diferença de serem as paredes de pau-a-pique, bem barriadas, é depois disto todas as ditas paredes excelentemente cobertas por fora com taquaras rachadas muito bem juntas e unidas, que pareciam ripas bem desempenadas e lisas, cuja figura que elas mostravam era com um belo fosso de casas; desta sorte ficam sendo mais duráveis, porque estão livres das injúrias do tempo da chuva, ainda que seja com vento; ambas tinham seus alpendres ou varandas nas suas frentes, sobre as suas portas". Curioso tipo de casa rural. Será criação jesuítica?

Até aqui tratamos do que o século XVIII trouxe de novo ao Brasil: a extensa zona do centro, povoada pela mineração, e o extremo sul. Passemos, para rematar, um rápido olhar sobre o resto do país, em conjunto.

O seu desenvolvimento fora imenso, durante a centúria, principalmente no centro e no sul. Ao terminar o século não deveríamos andar muito longe de 3 milhões de habitantes.

A Bahia pode ser considerada, no século XVIII, ainda o maior centro urbano do Brasil, apesar da transferência, em 1763, da sede do Vice-Reinado para o Rio. Em 1730, segundo Rocha Pita, tinha a cidade cerca de 30.000 habitantes e 100.000 o seu Recôncavo.

De meados para fins do século, a população da Bahia se elevou a 50.000 habitantes; maior que a do Rio, na mesma época, e com a circunstância de ser a velha capital provida, em geral, de melhores construções. Pode-se considerar a dianteira material do Rio como partindo da chegada da corte, no século seguinte.

A maioria dos habitantes da Bahia era composta de pretos e mulatos cativos. Os subúrbios da cidade teriam mais de 15.000 habitantes, o que fazia conjunto já considerável. Além da cidade capital, tinha a Bahia, ao fim do século, mais de 30 vilas no interior. Vê-se o progresso que isto representa, quando se sabe que em 1730 o Brasil inteiro tinha apenas 67 vilas.

Pernambuco não apresenta especial desenvolvimento no século XVIII. As suas vilas, que nem chegavam à dúzia, ou eram as mesmas antigas dos séculos anteriores, ou tinham tido novamente o título, mas já eram povoações velhas. A decadência da economia açucareira se mostrava assim mais patente no seu faustoso centro. Como realizações, pode-se enumerar a construção de uma ponte grande através do Beberibe, entre Santo Antônio e o Recife, sobre alicerces de velha ponte holandesa. A novidade desta ponte é que tinha casas dos dois lados, o que lhe deveria dar a graça do "Ponte Vecchio" de Florença. Outra obra de importância foi a ponte e aqueduto do Varadouro, em Olinda, concluído em 1749. Tinha o aqueduto 11 bicas para aguada e fornecia água potável não só aos moradores de Olinda mas também aos de Recife, que a vinham buscar em canoas e lanchas. Da ponte, que fazia corpo com o aqueduto, nos faz Jaboatão pintura entusiasmada. Depois de nos dizer dos regos e bicas, nota: "Donde, com singularidade raras vezes vista, estando os de baixo sobre as salgadas águas em suas canoas, tomam da mesma corrente as doces que lhes caem de cima, e admirando-se, sem milagre de alguma poética metamorfose, dividirem-se as águas de uma mesma corrente em doces para uma parte e salgadas para a outra." A razão do prodígio era que as águas doces eram captadas mais acima, antes de a corrente do rio se misturar com o mar.

A ponte era toda de pedra lavrada, com 328 palmos. Tinha 10 arcos "com seus assentos da mesma pedra em que descansam os que passam, se divertem os que passeiam e os que vão tomar seus banhos. Como se vê, era velha a prática dos banhos de rio, que tanto interessa aos poetas e sociólogos pernambucanos.

Ainda no tempo do Império se falava do Varadouro nas cantigas do povo:

> "Oh! lê lê vira moenda,
> Oh! lê lê moenda virô,
> Caixeiro bebe na venda
> E o patrão no varadô..."

Para o norte de Pernambuco não houve tampouco alterações de monta. O Ceará progredia em população, passando de 30.000 habitantes a cem mil, ou mais, de meados para o fim do século. O povo vivia principalmente de gado, com alguma lavoura, mas as secas o flagelavam periodicamente. Houve também, na metade do século, provavelmente por influência das notícias chegadas das Minas Gerais, tentativas de mineração do ouro, na zona do Cariris Novos, sem grande resultado. As vilas cearenses pouco passavam de uma dúzia e, a se crer na descrição de João Antônio Rodrigues de Carvalho, eram pobríssimas e lastimosas. Casebres de taipa, as mais das vezes cobertos de palha, edifícios em ruínas, nenhum adiantamento, Fortaleza, a capital, era isso mesmo em ponto maior.

Existe no Arquivo Histórico Colonial de Lisboa um mapa de Fortaleza, feito pelo capitão-mor Manuel Francês em 1730 e que Serafim Leite publicou em primeira mão, que confirma bem o que avançamos. Sobre as areias da beira-mar, indicadas com a implacável fidelidade dos desenhos primitivos ou infantis, contamos escassamente 50 casas, incluindo a Câmara, o fortim, as igrejas e o colégio da Companhia. Poucas as de telha, reconhecíveis pelo vermelho da cobertura, no desenho. Mais numerosas as humildes de barro e palha, que se distribuem numa graciosa desordem de presepe. E, ao meio de uma espécie de praça, os símbolos terríveis do poder: forca e pelourinho.

Pode-se também fazer menção da aldeia de Ibiapaba, na serra do mesmo nome, lindeira com o Piauí, que os jesuítas fundaram no alvorecer do século, ainda no ano de 1700. Foi, diz Serafim Leite, a maior aldeia de índios do Brasil, que abriu à civilização extensa região sertaneja. O início foi dos mais humildes, tanto que a residência dos padres era "de madeira e barro coberta de folhas de palmeira". Com o tempo, progrediu, porém, graças à sua posição no caminho de Piauí. Em meados do século, possuíam os jesuítas ali boa casa de alvenaria de pedra e honesta igreja fundada em uma planície no alto da serra", diz o Barão Studart, como bela talha, de que ainda, parece, existem restos. A aldeia de Ibiapaba transformou-se depois da expulsão dos jesuítas na vila de Viçosa e continuou servindo como pouso aos viajantes que cortavam o sertão, vindos do nordeste para o Piauí e o Maranhão.

O Piauí prosperava, mas a sua economia, baseada na pecuária, não permitia grande progresso material. Do Maranhão e Pará pouco se tem a dizer. A capital do Maranhão não passava muito de 6.000 habitantes, no fim do século; em todo o caso dez vezes mais que os 600 do fim da centúria anterior. Sabemos que alguns edifícios, como o colégio e igreja dos jesuítas, se embelezaram e ampliaram. Depois da expulsão dos padres, passou o conjunto à posse da Mitra e foi residência dos bispos até o século passado. Da venerável casa que se liga diretamente às origens da cidade restam ainda hoje alguns elementos em prédio ocupado por um estabelecimento de ensino.

Alcântara, a vila que ficava no caminho do Pará, já em terra continental, progredira graças principalmente aos jesuítas. Quando os padres, expulsos, a deixaram em 1760, era ela uma das mais importantes povoações de todo o estado do Maranhão, incluindo a capitania do Pará. Na capital desta houvera apreciável desenvolvimento. Os dois bairros de Belém, chamados da Cidade e da Campina, tinham progredido bastante, especialmente o primeiro.

Havia ali uma grande praça, que mais ou menos é a mesma de hoje, onde se situavam belas casas, inclusive a catedral e a igreja e o colégio dos jesuítas. Duas extensas ruas ligavam entre si os dois bairros. João Lúcio, na sua *História dos Jesuítas no Grão-Pará*, publica uma gravura da cidade, datada de 1753, na qual se pode apreciar o crescimento de Belém. A estampa mostra um largo casario à beira d'água, distinguindo-se quatro conventos (de Santo Antônio, das Mercês, do Carmo e dos Jesuítas), dois fortes, palácio do bispo, palácio do governador, alfândegas e muitas casas assobradadas cobertas de telha, com longas enfiadas de janelas. Fora da cidade é que o progresso se mostrava escasso, situação de desequilíbrio entre as capitais e o interior, que ainda hoje é uma das moléstias da nossa civilização.

Do Ceará até o fim do Pará só havia nove vilas, por essa época, contando Belém e São Luís. Dentre as vilas do Pará, Vigia, apesar da sua bela igreja, só tinha 75 homens livres, Caeté 35 e Cametá estava em plena decadência. Afora isto, havia as aldeias de índios na ilha de Marajó, as fazendas de criação e, no Baixo Amazonas, outras propriedades rurais, inclusive engenhos. O gado viera do Maranhão e passara a Marajó desde o século anterior. Algumas fazendas tinham casas comparativamente boas, cobertas de telhas, com as suas capelas e dependências.

Em todo o colossal sistema amazônico e cada vez mais profundamente, continuava a penetração dos padres da Companhia e também de outras ordens, na fundação de missões de catequese que, como já dissemos no capitulo anterior, seriam como núcleos irradiadores de civilização.

Necessidades militares, sobretudo de defesa das fronteiras contra vizinhos de pouca confiança, levaram por outro lado a administração régia a construir fortes por todos aqueles ermos, dos quais alguns se tornaram povoações com o correr do tempo. Na zona norte, para o lado das cabeceiras do rio Negro, foi erigida casa forte, em São Gabriel; ainda mais acima, Marabitanas; no vale do rio Branco, São Joaquim, e finalmente, Tabatinga, na região do Solimões. Ferreira Reis dedica minucioso estudo a estes estabelecimentos.

Resta-nos agora falar do Rio de Janeiro e São Paulo. Desde que se tornou sede do Vice-Reinado, principalmente por causa das Minas, em 1763, teve grande avanço, como era natural, a cidade de São Sebastião. Embora suja e malsã, o seu comércio progredia enormemente, ainda por causa das Minas, de que era o verdadeiro porto. A população, segundo mapa de 1799, era de cerca de 43.000 habitantes, dos quais mais de 19.000 brancos. Proporção maior de brancos do que na Bahia, o que já denota maior concentração da imigração lusa para o novo centro administrativo e comercial. Certos edifícios públicos, conventos, igrejas e mesmo ruas e praças adquiriam melhor aspecto, de vez em quando monumental.

Alguns vice-reis, como d. Luís de Vasconcelos, se recomendam como amigos da cidade. Obra magna e anterior ao Vice-Reinado são os admiráveis Arcos da Carioca, monumento dos mais notáveis do Brasil. Foram terminados em 1763, por Gomes Freire, e construídos na parte principal sob a direção do brigadeiro Alpoim, autor de outros planos de construções ainda existentes no Rio e em Minas. Outras obras importantes se devem a Gomes Freire, que governou 30 anos a cidade. Com ele e depois dele, sob os vice-reis, ela se expandiu francamente, excedendo os limites do antigo perímetro, cercado pelos três conventos, dos beneditinos, franciscanos e jesuítas.

As vilas da capitania orçavam por uma dúzia, sendo poucas as novas fundadas no interior. Havia como que um hiato na civilização, entre a costa do mar e o centro das Minas.

São Paulo continuava pobre. Mesquinha a sua capital e mesquinhas as suas vilas, em número de mais de 20, mas quase todas fundadas sobre antigas povoações. Não sendo centro açucareiro nem minerador, São Paulo não progrediu materialmente nos três primeiros séculos, por falta de base econômica. O bandeirismo não enriquecia. A afortunada preponderância paulista só começaria com o café. Merece referência a fundação da vila do Desterro, na primeira metade do século, na ilha de Santa Catarina, então ainda sujeita a São Paulo.

Para rematarmos o capítulo, desejamos acentuar a importância histórica do século XVIII. Fixou a população no interior, estabeleceu ligações internas entre as mais distantes capitanias, deu ao Brasil, afinal, a sua configuração física. Durante ele, o país começa a se apresentar na sua diversidade material, mas também mostra os fatores que determinariam, mais tarde, a sua unidade política.

SÉCULO XIX

Nos primeiros anos do século passado dá-se um fato de capital importância para o desenvolvimento da civilização brasileira. O Brasil, de administração secundária, passa a ser sede do Governo: de Colônia se transforma em Metrópole, entrando de chofre, sem luta, no estado de independência política. Qualquer crítica pessoal que se pretender fazer ao príncipe e rei d. João perde o interesse diante da realidade poderosa do movimento progressista que a sua função governativa conduziu, se não mesmo promoveu. A estada da corte no Rio de Janeiro foi a origem de uma transformação profunda da civilização do Brasil.

Entre os primeiros atos do príncipe, ainda em escala na Bahia, há um de transcendente significação, que foi a extinção do monopólio português sobre o nosso comércio e a abertura dos portos ao tráfico internacional. Os desejos da Inglaterra neste sentido, expressos anteriormente, visando favorecer a sua exportação, não surtiam efeito. O fechamento dos portos portugueses, com a invasão napoleônica, equivalia a suprimir os entrepostos de onde nos vinham as mercadorias européias, principalmente britânicas. Era fatal, pois, que o Brasil as viesse receber diretamente. A solução foi apressada por Silva Lisboa, espírito avançado da época, ledor de Adam Smith e partidário avisado da doutrina do liberalismo econômico. Atitude que, aliás, lhe mereceu o público reconhecimento do inglês John Mawe. O grande passo legislativo para o progresso material estava dado e vinha se juntar às conseqüências forçadas da mudança, para o nosso meio, dos mais altos instrumentos administrativos do Reino. Os resultados eram inevitáveis.

Comecemos por onde eles primeiro se fizeram visíveis: a cidade do Rio de Janeiro. De sede do Vice-Reinado, que já era, passaria a ser em breve a do Brasil-Reino, antes de se transformar em capital do Império. A população carioca que, como vimos, no termo do século XVIII, pouco excedia de 40.000 habitantes, menor que a da Bahia, acusava, no recenseamento de 1821 (ano em que d. João VI deixa o Brasil), a cifra de mais de 110.000 almas. Quase que triplicou, por conseguinte. Estava definitivamente destronada a antiga capital do norte e não é preciso mais nada para marcar, num traço, o que foi para o Rio a presença da corte.

Exemplo vivo do rápido crescimento da cidade nos fornece uma página de Eschwege. Diz o cientista alemão que, quando fez a sua primeira viagem a Minas, em 1810, havia entre o Rio e Santa Cruz algumas localidades pequenas, espalhadas à beira da estrada. Destas localidades, enumera Mata-Porcos e São Cristóvão. Mas em 1818 (quando publica a narrativa), observa em nota que a estrada tinha mudado muito, desde o tempo da sua primeira excursão. "Mata-Porcos e São Cristóvão," diz Eschwege, "cresceram tanto que formam quase um só correr de casas com a cidade e podem ser considerados como subúrbios do Rio." O desenvolvimento da banda sul, nos arrabaldes de Catete, Botafogo e Laranjeiras, é consignado por Spix e Martius. As casas da cidade eram quase sempre de pedra, cobertas de telhas. As antigas persianas coloniais estavam sendo abolidas e trocadas pelas novas janelas com vidros, embora lentamente. Só nisto vai um capítulo de história social.

O príncipe Maximiliano de Neuwied, chegado ao Rio em 1815, escreve também que a cidade mudara muito nos anos anteriores. Quase 20 mil portugueses tinham vindo com o rei, e a abertura dos portos facilitava a entrada de súditos de todas as bandeiras. Ingleses, espanhóis e italianos eram muito numerosos. Os franceses estavam chegando em quantidade, e em menor número havia também holandeses, suecos, dinamarqueses, russos. De tudo isto, afirma o príncipe, "resulta que os costumes do Brasil estão sendo alterados pelos da Europa. Melhoramentos de todo gênero foram introduzidos na capital. Ela perdeu muito da sua antiga originalidade: hoje está mais parecida com as cidades européias". A única diferença, nota ainda o nosso ariano, era serem os negros e mulatos em maior número que os brancos.

Spix e Martius, que aqui aportaram em 1817, fazem a mesma observação. A cidade do Rio não parecia capital de um novíssimo país de apenas três séculos. A influência da velha civilização da Europa tinha feito dela uma cidade européia. "As línguas, os costumes, a construção e o acúmulo dos produtos industriais de todas as partes do mundo dão ao Rio de Janeiro uma aparência européia", anotam os escritores. A única coisa estranhável era a negrada e mulatada, visão surpreendente e desagradável. "A natureza primária e baixa dessa gentalha seminua fere o sentimento do europeu", ajuntam os perturbados e ilustres viajantes.

Página admirável de compreensão e solidariedade humana, a propósito dos escravos pretos, é a escrita pelo reverendo Walsh, chegado ao Brasil em 1828, como capelão da embaixada de Strangford. Walsh também acentua o enorme crescimento do Rio de Janeiro, desde a vinda da corte. Mostra como a velha cidade, cujos limites iam somente da rua Direita ao campo de Sant'Ana, se expandia agora até Botafogo, de um lado, e São Cristóvão do outro, por várias milhas, o que dava ao conjunto uma área equivalente às que tinham as maiores capitais da Europa. Eram incríveis as transformações recentes, presenciadas por muitos que ainda viviam. Pântanos aterrados, areais convertidos em bairros residenciais, trilhas silvestres transformadas em ruas bonitas, como a de Matacavalos.

Não somente cresceu a cidade como também foi provida de edifícios públicos e particulares, dotados de estilo arquitetônico mais apurado, graças à presença do arquiteto Grandjean de Montigny, elemento integrante da missão artística francesa aqui chegada em 1816. Foram planejadas por Montigny, que já tinha certa notoriedade européia quando aportou no Rio, várias construções, das quais infelizmente muito poucas subsistem. Entre elas, o edifício da Escola de Belas-Artes, inaugurado em 1826, depois Tesouro e recentemente demolido, mas de cuja fachada o SPHAN[1] preservou uma bela parte; a primeira e a segunda Praça do Comércio, aquela ainda existente, e a segunda já demolida, que se situava mais ou menos onde hoje se encontra o Banco do Brasil.

Muito maior teria sido a influência do Montigny se não encontrasse o obstáculo de arraigados preconceitos no povo e na administração. Aliás, é indubitável que a missão francesa, contratada para agir num plano cultural muito elevado e num meio que mal saía da inércia e do atraso coloniais, era tentativa temporã, incapaz de produzir o que dela se chegou a esperar.

Não se suponha, também, que os melhoramentos introduzidos pela presença da corte tenham modificado profundamente o aspecto geral da cidade, no sentido urbanístico ou mesmo higiênico. Pode-se dizer que o Rio cresceu muito mais do que melhorou. Alguns edifícios monumentais, isolados, se construíram; mas já os havia desde antes, como os conventos e igrejas. E algumas casas particulares modernas e higiênicas não influíam no sistema geral de habitação do povo, que continuava, e cada vez em maior quantidade, a viver acumulado nas alcovas das casinhas térreas, em ruas estreitas e escuras. O calçamento era mau, a iluminação, péssima, e o estado sanitário não podia ser bom. Aliás o Rio é, como cidade higiênica e moderna, uma realização republicana.

Os mesmos Spix e Martius, que comparam a construção do Rio com a das cidades do Velho Mundo, são os primeiros a observar que a arquitetura era aqui muito descuidada e que se aproximava da dos velhos quarteirões de Lisboa. Observação que concorda com outra de Walsh. Aqui e ali se derrubavam abas de morros, fazendo-as saltar com explosões de pólvora, para alinhar e arran-

---

[1] Atual IPHAN (Instituto do Patrimônio Histórico e Artístico Nacional). (Nota de 1971.)

jar ruas. Mas pensamos que a verdadeira definição para o Rio do Brasil-Reino é a que acima demos: uma cidade que cresceu muito e progrediu pouco.

O arejamento da mentalidade colonial é que se tornou inevitável. Aberto o interior à visita de comerciantes e cientistas estrangeiros, coisa que antes não se dava, a curiosidade européia pelo Brasil pôde se satisfazer na leitura de observações outras que não as de apressados viajantes que não transpunham a fímbria do litoral.

Ingleses como Mawe, Luccock ou Koster; franceses como Saint-Hilaire ou Tollenare; germânicos como Eschwege, o príncipe Maximiliano, Spix, Martius e Pohl viajaram pelo Brasil antes da independência e publicaram livros (alguns saídos um pouco mais tarde) que despertaram curiosidade pelo reino americano. Também muito contribuiu para o conhecimento do Brasil o corpo diplomático estrangeiro, que aqui se fixou com a corte. Para termos idéia do interesse europeu, basta lembrar a frase de Maximiliano de Neuwied, cujo livro é de 1821, que diz ser desnecessário fazer uma descrição do Rio de Janeiro, tão freqüentes tinham sido elas nos últimos tempos. Naturalmente, a evolução do modo colonial de pensar e de sentir resultou da vinda da corte, mas num país da vastidão do Brasil as suas conseqüências não podiam ser rápidas. Num ligeiro passar de olhos veremos que o Brasil da independência, do ponto de vista da civilização, não diferiu muito do Brasil do fim do século XVIII, com exceção, está claro, da cidade do Rio.

Comecemos pela capitania do Rio de Janeiro.

O café, que ofereceu à província o grande esplendor imperial, estava dando apenas os primeiros passos de sua prodigiosa carreira no sul do país. A atividade agrícola predominante, embora rotineira e decadente, era ainda a do açúcar. Somente nos arredores da cidade, no caminho para o interior, havia quase 30 engenhos. Os proprietários, também no sul chamados "senhores de engenho", conservavam os seus privilégios de aristocracia rural. Breve seriam desbancados pelos fazendeiros de café.

Saint-Hilaire percorre em parte a região fluminense do rio Paraíba, a caminho de Minas, e a descreve como ainda coberta de florestas. Nas proximidades da foz do rio, porém, o espetáculo era muito outro, graças à cultura do açúcar. O príncipe Maximiliano tem uma impressão muito lisonjeira da cidade de Campos, com os seus 5.000 habitantes e cerca de 24.000 no distrito. Belas ruas, casas bonitas, algumas de vários andares, igrejas, farmácias, um hospital. O comércio de Campos — cidade recente, como vimos na aula anterior — era intenso, o luxo notável. Toda essa prosperidade repousava, como até hoje, sobre o açúcar. As plantações de cana eram extensas, e havia uma centena de bons engenhos. As velhas povoações do litoral, Cabo Frio, Macaé, Parati, Angra, estavam, já então, decadentes, e pobres eram as regiões que as circundavam. Na direção do sul, caminho de São Paulo, as florestas também se sucediam, entremeadas aqui e ali pelas primeiras fazendas de café, cujas sedes eram miseráveis casas de pau-a-pique. Para o lado de oeste havia pequenas povoações, como Resende e Valença, abertas no século anterior em zonas de florestas e índios. Só progrediram com o café. Portanto, a não ser na capital e em Campos, o Rio de Janeiro antes da Independência não tinha avançado muito. Em São Paulo as residências eram as mesmas de cem anos atrás, ou construídas em idêntico estilo, de taipa e com as ciumentas janelas gradeadas. Avultavam os maciços conventos dos quais um, o dos jesuítas, fora transformado em palácio do Governo. As igrejas, a partir de São Paulo para o sul, eram em número muito menor do que nas capitanias do norte, principalmente em Minas, onde abundavam. Diferença talvez de fé mas seguramente também de fortunas, no passado. Fortunas baseadas no açúcar e no ouro, que o sul não conheceu, ou conheceu muito pouco. No norte da capitania de São Paulo, caminho do Rio, as povoações mais velhas, como Mogi, Taubaté, Guaratinguetá, ou mais novas, como São José dos Campos, Areias, Bananal, vegetavam obscuramente.

O florescimento desta Zona, como a correspondente fluminense, estava à espera do café. A época das bandeiras pertencia ao passado, e, como as povoações bandeirantes do norte da capitania, também se encolhiam no esquecimento as do interior: Itu, Parnaíba, Porto Feliz. Nessa vida vegetativa aumentava a população e por isto se iam formando novas povoações, mas de acordo com os pobres modelos das antigas, e, afora o crescimento demográfico, escasso era o progresso da civilização. Uma exceção se deve abrir: o início da fabricação do ferro, em moldes industriais. O preparo primitivo desse metal era obtido desde fins do século XVI. Mas o Governo do príncipe d. João deu decisivo impulso ao problema, com a utilização de técnicos estrangeiros, como Eschwege e Varnhagen. Assim, o primeiro conseguiu iniciar a fundição do ferro, por processos então modernos, em Minas, no que foi seguido pelo intendente Câmara, também naquela capitania. Câmara escolheu para sede da sua instalação siderúrgica o chamado arraial de Morro do Pilar, depois Gaspar Soares, entre Itambé e Conceição, no caminho antigo que ligava Vila Rica a Vila do Príncipe. Em 1809, segundo Mawe, as obras já estavam em andamento. Mas o trabalho de fundição em maior escala foi realizado por Varnhagen, em Ipanema, perto de Sorocaba, em São Paulo.

A região do sul desta capitania, que compreende o atual estado do Paraná, experimentou nos primeiros tempos do século XIX o fenômeno de crescimento de população, visível em muitos outros pontos do país. Mas as condições do seu progresso material eram precárias. A estrada do sul, muito freqüentada por causa do já então intenso comércio com o Rio Grande, principalmente o da importação de muares, cuja feira distribuidora estava em Sorocaba, de estrada real só tinha o nome, pois na verdade não passava da péssima trilha antiga. As pequenas povoações que a ladeavam cresciam em número e em gente, mas sempre muito pobres. Nas campos de Curitiba é que a povoação deste nome apresentava já risonho aspecto. O clima temperado favorecia o cultivo das árvores frutíferas européias, que cercavam as casas em amplos pomares. Em 1820 algumas destas eram de pedra e todas cobertas de telhas. As ruas largas, algumas calçadas no todo, ou em parte. Os habitantes da comarca, que compreendia as povoações de Paranaguá, Guaratuba, Antonina, Cananéia e Iguape, na marinha, e Lages, Castro e Lapa, no planalto, passavam já então de 30.000. O caminho que ligava o planalto de Curitiba às vilas da beira-mar era semelhante ao que ligava Santos a São Paulo, isto é, horrível. Embaixo havia Morretes, Antonina e Paranaguá. As duas primeiras, dois vilarejos; mas Paranaguá era interessante, com o grande número de construções de pedra que tinha, inclusive o colégio dos jesuítas, que datava de princípios do século XVIII.

Na capitania de Santa Catarina, até à época da independência, a civilização não tinha alcançado senão a faixa de terra até a serra do Mar, que passa a poucos quilômetros do litoral. E a população, que no fim do século XVIII não chegava a 25.000 habitantes, nas proximidades de 1822 devia andar por volta dos 45.000.

A ilha de Santa Catarina, incluindo a vila do Desterro, teria 14.000 habitantes, com poucos escravos negros. Desterro era relativamente considerável. São Francisco do Sul e Laguna, insignificantes, do ponto de vista material. Para o interior nada havia, a não ser a vila de Lages, povoação fundada por paulistas desde os fins do século XVII e que somente em 1820 foi separada de São Paulo e anexada, com o seu distrito, a Santa Catarina. Era uma pobre povoação, ameaçada pelos índios até ao tempo do Brasil-Reino. A explicação do tardio desenvolvimento do interior de Santa Catarina é que a serra se venceu tardiamente. Faltava-lhe também sistema hidrográfico, como havia em São Paulo.

No Rio Grande, Porto Alegre prosperava rapidamente. Contribuiu para isso o fato de estar localizada à margem do Guaíba e de comandar o tráfego do caminho a que Jorge Salis Goulart chamou a "estrada da civilização rio-grandense". Esta estrada aquática passava pelo canal do rio Grande, a lagoa dos Patos, o Guaíba e o Jacuí, rumo aos núcleos rurais do interior. Porto Alegre fazia assim, no Rio Grande, um pouco o papel representado por Buenos Aires, na Argentina. Era o entreposto fluvial da exportação dos produtos pecuários que saíam para o Rio e da importação dos produtos que entravam, vindos das capitanias do norte. O interior da capitania continuava a se desenvolver sob o aspecto exclusivamente rural, nele predominando a pecuária, que é atividade pouco condizente com o progresso da civilização material. Por esse motivo o interior da capitania no Rio Grande era, no fim do período colonial, o mesmo que deixamos debuxado ao encerrar o século XVIII.

Feito o panorama do Brasil meridional, no tempo da independência, vejamos sinteticamente como ele se apresentava nas capitanias ao norte do Rio de Janeiro, bem como nas do interior.

A zona da mineração, compreendendo Minas, Goiás e Mato Grosso, atravessava um período de estagnação e até de decadência, lógico resultado da queda da sua principal atividade econômica. As cidades e vilas diminuíam progressivamente de população, e esta procurava tirar o seu sustento das atividades rurais, agrícolas ou pecuárias. Mawe, Eschwege, Saint-Hilaire, Pohl, Luccock, Rugendas são novos Jeremias que (como no verso de Raimundo Correia a propósito de Ouro Preto) choram sobre as Jerusaléns de tantos sonhos. Com a abertura das fazendas de criação e de cultura, recurso necessário à vida dos mineradores empobrecidos, os núcleos urbanos, onde se definira e afirmara a civilização material do ouro e das pedras, foram sendo abandonados. Edifícios públicos, igrejas, belas casas particulares se arruinavam por falta de trato. Grandes casas vazias nas vilas e nas lavras escancaravam as janelas desmanteladas e eram motivo de lendas de assombramentos.[2] Como símbolo dessa decadência, o povo chamava ironicamente Vila Pobre à orgulhosa Vila Rica. Outro exemplo de povoação decadente é a de Itambé, outrora rica vizinha de Catas Altas e Cocais, no caminho de penetração para o Tijuco. Mawe e Saint-Hilaire transmitem, o primeiro em português e o segundo em latim, o ditado famoso: "Das misérias de Itambé livre-nos Deus, domine", ou "A miseriis

---

[2] "Assombramento" é precisamente o título de um conto de Afonso Arinos, que tem como cenário velha casa nas proximidades da vila mineradora de Paracatu. (Nota de 1971.)

Itambé libera-nos, domine ..." Gardner, que por lá passou em 1840, diz que nunca viu tal pobreza e abjeção, a não ser no sul do Piauí.

Curioso trabalho histórico, mas longo demais para ser tentado aqui, seria acompanhar este processo de recuo da civilização material mineira até ao primeiro reinado, nas três capitanias do centro, através dos numerosos depoimentos que se conservaram sobre o assunto, apoiados em abundantes cálculos estatísticos. Ao nosso curso cabe apenas tomar conhecimento do fenômeno, em linhas gerais.

O crescimento contínuo de população, pelo menos em Minas Gerais, continuava, apesar do enfraquecimento da base econômica. Aliás, é uma verdade apurada que a vitalidade demográfica nem sempre está ligada à econômica. Somente a população de Minas era calculada, na época da independência, entre 500 e 600 mil.

Esta primazia demográfica Minas a conservou até recentemente, mas agora a perdeu para São Paulo, por causas principalmente políticas e administrativas. O mineiro, que sempre foi dado à emigração, está hoje povoando Goiás, São Paulo, estado do Rio, além de vir muito para o Distrito Federal.[3] Voltando à História, devemos lembrar que nos meados do século XIX, a partir da Regência, houve certos sintomas de recuperação econômica naquela província. Novos trabalhos de mineração de ouro e de fabricação de ferro, devidos ao capital inglês, animaram relativamente povoações como Catas Altas, Cocais, Gongo-Soco e Morro Velho. Mas nada que se comparasse ao antigo esplendor colonial.

Ao norte do Rio de Janeiro, no Espírito Santo, a Vila Velha não se tinha reerguido. Continuava um pobre vilarejo, com casas térreas, sem calçamento. Mas Vitória já acusava melhor impressão. Grandes casas com balcões portugueses, ruas calçadas, ótimo comércio de cabotagem, que era a causa do seu progresso, e mais de 4.000 habitantes. A vida mercantil, embora modesta, se assentava em fundamentos mais sólidos do que a fictícia riqueza do ouro. Além de Vitória, podem-se citar ao sul a velha Reritiba, também

---

[3] Atual estado da Guanabara. (Nota de 1971.)

chamada Benevente, e, um pouco no interior, Itapemirim. Eram dois vilarejos miseráveis. Havia também aldeias de índios, que não interessam ao nosso estudo. De um modo geral, entre a parte leste de Minas e o mar se estendiam imensas florestas habitadas por selvagens. O rio Doce, que seria o caminho natural de penetração, era de navegação difícil e famoso, desde muito tempo, pelas suas perigosas febres. A civilização ficava, pois, cativa da costa do mar.

Tentativa admirável foi a do mineiro Bento Lourenço de Abreu e Lima, que à custa própria abriu uma estrada que vinha desde a região de Minas Novas do Fanado, seguindo o curso do rio Mucuri, e morria no mar, perto da foz deste rio. A estrada foi aberta no meio de florestas virgens, em terras de botocudos. Infelizmente, a pobreza do Espírito Santo não permitiu um tráfico conveniente com Minas, como esperava o valoroso bandeirante do século XIX. E em 1824 sabemos, por uma declaração de Guido Tomás de Marlière, que a estrada de Bento Lourenço estava praticamente reconquistada pela selva. Ainda houve outra tentativa da civilização do Mucuri, também malsucedida, como veremos.

Na Bahia, a capital era ainda uma cidade considerável e cheia de vida. Ciosos de seus encantos e riquezas, propuseram a d. João alguns dos seus moradores, quando o príncipe por ela passou, que lá fixasse residência, fazendo provavelmente vir do Rio a sede do Governo. Mas o tímido Bragança recusou, dizem que por achar a barra pouco capaz de defesa. Em todo caso, esta emulação entre a Bahia e o Rio não deixou de ter suas conseqüências. Talvez haja influído na tardia incorporação da província ao Império e seguramente contribuiu para a revolução da Sabinada. O porto servia para a saída dos produtos do interior, já então meio povoado, e para a importação das mais variadas mercadorias de diferentes países da Europa. Sua população era já inferior à do Rio, pois estava em 100.000 habitantes. Mas o governador, Conde dos Arcos, cujo período vai até 1817, muito fez para modernizar e melhorar a Bahia. No seu fecundo Governo, ocorreu também fato de relevo, na vida rural. Com efeito, em 1815, o senhor de engenho Pedro Antônio

Cardoso montou o primeiro engenho de açúcar a vapor, em substituição à velha máquina, que, como já vimos, vinha do século XVII. Este melhoramento, contudo, não se espalhou rapidamente, talvez porque as condições objetivas do meio brasileiro ainda aconselhassem o emprego do velho engenho de água ou movido a animais. Aliás, é um europeu, Tollenare, quem afirma que no seu tempo, em Pernambuco (1816), não eram economicamente viáveis os engenhos movidos a vapor. O Recôncavo baiano continuava sendo a zona principal do açúcar, como já o era havia quase dois séculos. O interior sempre agrícola e pecuário, sendo que tomava grande incremento a cultura do algodão, de que vinham inumeráveis tropas carregadas para a capital. A zona habitada se expandia para oeste, faziam-se regulares as comunicações com as outras zonas do país, pelo interior. Circulavam mercadorias e gado entre a Bahia e Minas, Pernambuco, Piauí. Mas, do ponto de vista da civilização material, este progresso econômico e demográfico não interessa muito.

Pernambuco, que entrara em decadência em fins do século XVIII com a concorrência feita, nos mercados da Europa, ao açúcar brasileiro, pelo de outras procedências, voltava a se reerguer com o algodão, cuja exportação para as fábricas de tecidos inglesas era importante, como na Bahia, e principalmente com a abertura dos portos. Medida que, suprimindo o intermediário forçado, tornou mais compensadores os preços da exportação e mais baixos os da importação.

Recife, nos anos que precederam a independência, estava próspero e animado. Os excelentes cronistas Tollenare e Koster são perfeitamente acordes neste ponto. Nos bairros de Recife e Santo Antônio, junto do rio, viam-se casas de quatro e cinco andares; o comércio era intenso, as ruas do primeiro todas calçadas e animadas, durante o dia, por grande movimento de brancos e escravos. O porto cheio de velas e sulcado de jangadas. Mais para dentro, na Boa Vista, erguiam-se simpáticas casas de campo, de ricos senhores de engenho. A famosa ponte do Varadouro descrita por Jaboatão estava já, segundo Tollenare, meio arruinada. Apesar da introdução do engenho de vapor na Bahia, a técnica de fabricação do açúcar continuava retardatária em Pernambuco, como também naquela capitania. Mantinha-se o velho engenho de cilindros verticais, geralmente movido a roda-d'água. Gravuras do início do século XIX ainda os mostram em pleno funcionamento.

 A Paraíba estava decadente, via-se que a cidade já fora maior e mais rica. Vivia também do algodão e do açúcar. Quanto a Natal, no Rio Grande do Norte, continuava a aldeola de sempre. Koster observa que um estrangeiro que chegasse ao Brasil, desembarcando em Natal, pensaria muito mal da nossa civilização, pois, se se dava o nome de cidade àquela pobreza, que seriam as aldeias? Mas, acrescenta o inglês, a verdade é que muitas aldeias brasileiras eram maiores que Natal. Consistia ela numa praça e três ruas sem calçamento, bordadas de casas térreas. Teria menos de 1.000 habitantes. Longe estava o tempo da aviação que haveria de transformar prodigiosamente Natal. No que respeita à capitania do Rio Grande, a agricultura existia na parte sul, mas a parte norte estava abandonada e estéril.

 O Ceará, periodicamente assolado pelas secas, não tinha também progredido grande coisa. Em fins do século XVIII, numa das chamadas secas grandes, houve mesmo um inegável recuo. Freguesias inteiras se despovoaram, sendo que algumas literalmente. Morreram homens e animais em grande número. Quanto à capital, Koster lhe dá no máximo 1.200 habitantes e constava de quatro ruas e uma praça com casas de rés do chão.

 O Piauí, pouco antes da independência, teria 70.000 habitantes, dos quais cerca de 15.000 no distrito de Oeiras, que era então a capital, pobre cidade construída de taipa. Aliás, em breve estaria decadente, pois em 1855 Alencastre lhe dá apenas 500 habitantes. Sua situação sertaneja não a deixava progredir muito. Por sinal é curiosa esta localização de uma capital sertaneja em capitania marítima. Não nos esqueçamos, contudo, de que a civilização entrou no Piauí por terra, vinda com o gado. de Pernambuco e Bahia. E ainda no século XIX o seu maior tráfico se fazia por terra, com estas duas capitanias, para as quais exportava dezenas de milhares de cabeças de gado por ano. Oeiras era a antiga vila da Mocha e fora elevada a capital do Piauí desde 1761, tendo a capitania se separado (não completamente) da do Maranhão em 1759.

A vila de Parnaíba, junto ao mar, era sob certos aspectos mais civilizada que a capital. Havia mais meia dúzia de pequenas vilas. A população, seguindo o curso geral de ascensão já aqui muitas vezes referido, é que crescera bastante no Piauí. Alencastre informa que de menos de 13.000 almas, em 1762, passara ela a mais de 80.000 em 1822.

O Maranhão atravessava época de relativa prosperidade, devido ao incremento de exportação do algodão para a Europa. Desde o século XVIII, o Maranhão exportava algodão para Portugal. Mas a abertura dos portos elevou enormemente este tráfico, pois em 1809 saíram mais de 400.000 arrobas do produto.

São Luís contava cerca de 20.000 habitantes, com o seu distrito. Muitos dos antigos edifícios ainda eram os mais importantes, como a igreja da Vitória, o colégio dos jesuítas, transformado em palácio do bispo, o palácio do governador, etc. Nos primeiros anos do século, o governador Saldanha da Gama deu certo impulso à cidade.

A cidade primitiva formava o bairro mais populoso, chamado da Praia Grande. Mais para dentro da ilha constituíra-se outro bairro, o de Nossa Senhora da Conceição, com casas menores, cercadas de quintais. As ruas da Praia Grande eram irregulares e acidentadas, mas calçadas de pedras. No interior notava-se certa abastança na zona do algodão, pelas margens do Itapicuru, com fazendas providas de sólidas casas grandes, espaçosas e cobertas de telhas. A vila de Caxias estava muito próspera, centro que era da mais rica zona algodoeira, e tinha população equivalente à da capital. A capitania inteira passava talvez de 200.000. Note-se aqui, com aplicação também às outras regiões do Brasil, que o cálculo de populações nos escritores antigos é muito incerto e que tomamos as cifras que nos coloquem nas médias entre as diversas opiniões.

Belém do Pará era cidade equivalente a São Luís em população, no tempo da independência, ou talvez um pouco menor. Reconstruída em grande parte no fim do século anterior, apresentava belos edifícios públicos, como a sé, o colégio dos jesuítas, também transformado, como o do Maranhão, em palácio episcopal, a Casa da Misericórdia etc. O Conde dos Arcos, que começara a sua carreira de Governo no Pará, fora um benfeitor da cidade. As casas particulares é que pareciam inferiores às de São Luís, diz Martius, menores, mais simples e menos ornadas. A economia amazônica era muito primitiva, pois a exploração da borracha não se fazia ainda comercialmente. Os índios tiravam o látex da seringueira e conheciam algumas das suas aplicações, inclusive a fabricação de certos odres, ou seringas, aplicação que, pela sua maior freqüência, deu o nome à própria árvore. Martius, com a sua habitual lucidez, prevê as inúmeras aplicações que teria o leite da seringueira, no dia em que fosse trabalhado cientificamente. À espera deste tempo vivia o Pará da exploração de madeiras, ervas medicinais, essências vegetais e principalmente, ainda, da do açúcar, que aliás era bem mau. Seu povo, menos industrioso ou menos ambicioso que o maranhense, tinha um nível de vida mais pobre. Alguns engenhos, contudo, eram bons, e um então, o de Jacuarari, perto de Belém, se comparava aos melhores do Brasil, com a sua casa-grande que era uma antiga fazenda de recreio dos jesuítas.

Pelo interior, no curso do grande rio, quase nada havia que nos interesse. As povoações, como Breves, Rio Marajó, Gurupá, perto do delta, na margem direita (muito decadente desde a partida da missão franciscana), pouco melhores eram que aldeias de índios. Santarém, junto à foz do Tapajós, era bem superior; talvez a melhor vila das margens do Amazonas. Tinha várias ruas de casas limpas e uma boa igreja nova. A construção, na localidade, era de pau-a-pique, sendo muitas casas cobertas de telhas e branqueadas a tabatinga, por vezes misturada com o leite de certa árvore, a sorveira. Santarém era o ponto de reunião das mercadorias vindas do alto Amazonas, a oeste, e do alto Tapajós, ao sul, em direção ao porto de Belém. A isto devia o seu próspero comércio. Note-se que as mercadorias de Mato Grosso estavam descendo muito mais pelo Tapajós do que pelo Madeira, cuja navegação não era livre, o que favorecia sempre Santarém.

Entre Santarém e Barra do Rio Negro estavam Óbidos, extrema povoação do oeste do Pará, e Vila Nova da Rainha, a primeira da comarca do Rio Negro, atual estado do Amazonas. A capital era a chamada Vila da Barra do Rio Negro, hoje Manaus. Originava-se, como já vimos, de um fortim do século XVII, fundado na confluência do rio Negro com o Amazonas, tendo havido também, no local, uma aldeia indígena dos jesuítas. Ali houve missões carmelitas, e a região era também freqüentada por portugueses que vinham caçar escravos para os vender no Pará. Entre os índios da região estavam os manaus, cujo nome foi dado à cidade, em 1836. Até a independência, Manaus era um lugarejo de casas térreas e esparsas, na sua maioria cobertas de palmas. Como as povoações fluminenses aguardavam a era do café, Manaus ficaria à espera da borracha, que fez dela uma das cidades mais ricas do Brasil.

Tivemos assim uma visão geral do país, na época em que passou a ser um Império independente, restando acrescentar que a sua população orçaria então por 4 milhões, dos quais 920.000 brancos, segundo Humboldt. O reinado de d. Pedro I e a Regência que se lhe seguiu cobrem um extenso período de dezoito anos (1822-1840), em que os progressos da civilização material foram a bem dizer insignificantes no Brasil. D. Pedro I, na sua Fala do Trono de 1823, dirigida à Assembléia Constituinte, faz um retrospecto da sua administração, desde a independência, procurando, como é natural, salientar o mais possível os benefícios realizados. Pois em matéria de obras públicas a messe à magra. "Reedificou-se o palacete da praça da Aclamação, privou-se esta extensa praça de inundações, tornando-se um passeio agradável, havendo-se calçado por todos os lados, além das diferentes travessas que se vão fazendo, para mais embelezá-la. Consertou-se a maior parte dos aquedutos da Carioca e Maracanã. Reparou-se imensas pontes, umas de madeira, outras de pedra, além disto tem-se feito muitas totalmente novas; também se consertaram grande parte das estradas." E era tudo. Como se vê, o jovem imperador, falando do Brasil, refere-se a obras municipais de sua corte. Pequenas obras. O palacete da praça da Aclamação era um pavilhão no meio do Campo de Sant'Ana, de onde a corte assistia aos desfiles militares. Cheio de fogos de artifício, explodiu e incendiou-se, no princípio do reinado de Pedro II.

Voltando, porém, ao que dizíamos, o Brasil progrediu pouco, materialmente, no Primeiro Reinado e na Regência. É que vinham repercutir aqui, com o habitual atraso, os choques ideológicos e as lutas políticas que tinham feito da Europa um grande campo de batalha, desde o início do século. O aperfeiçoamento da técnica industrial, patente desde o século XVIII, pôde ser aplicado em larga escala depois que o desaparecimento de Napoleão da cena política pôs fim ao estado caótico da Europa. Já vimos como esse progresso industrial, principalmente sensível na tecelagem, repercutiu na economia brasileira com o progresso da exportação de algodão. Depois da revolução de 1830 em França, e da subida de Luís Filipe ao trono, estabilizou-se a burguesia por alguns lustros, naquele país, enquanto se preparava e se iniciava na Inglaterra a grande era vitoriana. Nos Estados Unidos, igualmente, a revolução industrial se operava, apesar dos malogrados esforços da Inglaterra, que procurou o mais que pôde impedir a sua industrialização. Foi neste período capital para a evolução industrial do Ocidente que o Brasil atravessou a sua grande crise política, que pôs em jogo, e por vezes em sério risco, não somente a sua forma de governo como também a própria unidade nacional. É certo que fatores naturais, como observa Lídia Besouchet, dificultaram no Brasil o advento do capitalismo industrial e entre outros, segundo lembra a mesma escritora, "a ausência de carvão nas zonas primeiramente colonizadas, a insuficiente exploração do ferro" e "o desconhecimento da imensa capacidade hidráulica existente". Mas devem ter influído também os distúrbios ideológicos em que o país se engolfou. Praticamente, desde 1820 até depois de 1840, todo o Brasil ardeu em luta brava. No sul, parte da guerra com a

Argentina se processou em nosso território e veio depois a grande revolução Farroupilha, que durou anos, interessando toda a economia meridional do país. No Rio a desordem das ruas campeava, com os choques entre adversários extremados e açulados pela mais incendiária imprensa que o Brasil conheceu. Em menos de 10 anos a cidade depõe um imperador, promove vários golpes de Estado fracassados e leva ao trono, revolucionariamente, outro soberano. Em Minas e São Paulo reina inquietação que explode em movimentos, alguns menores e outros mais graves, como o de 1842. Na Bahia, a Sabinada (1837-1838) chegou a fazer a separação da província. No nordeste, a "Confederação do Equador" proclama outra república, interessando o movimento a várias províncias. No extremo norte, tendo sede principal no Maranhão, a Balaiada toma as proporções de uma verdadeira guerra civil.

Compreende-se bem que em tal convulsão o Brasil não só não tenha progredido materialmente, como tenha mesmo regredido economicamente. De potência econômica de relevo, que chegáramos a ser com a exploração industrial do ouro e do açúcar, passamos a um período de morna estagnação material e de violenta agitação intelectual, de que só escaparíamos em meados do século, graças a uma grande civilização material, de base agrícola, que viria florescer na região geoeconômica da bacia do rio Paraíba do Sul, com o café imperial. Dois fatos marginais da civilização do café, pois que não foram condicionados por ela, merecem atenção no exame da década começada em 1840.

O primeiro é a importação de técnicos franceses para a província de Pernambuco, em 1840, chefiados pelo engenheiro Luís Vauthier. Gilberto Freyre, em trabalho de grande interesse, examinou todos os aspectos deste importante movimento administrativo realizado pelo governador Barão da Boa Vista. Vauthier praticou obras de urbanização, melhorou o sistema de caminhos, introduziu grande progresso na construção de pontes, cuidou da habitação popular, foi, em suma, um dínamo no meio do ambiente estático e ainda colonial do nordeste.

O segundo fato é a fundação de Petrópolis, na antiga fazenda imperial do Córrego Seco, à beira do Caminho Novo, do tempo da Colônia. Por decreto de 16 de março de 1843, é fundada a nova cidade, graças principalmente à iniciativa do major Júlio Frederico Koeller e do mordomo da Casa Imperial, Paulo Barbosa da Silva, apoiados por várias figuras de relevo, inclusive o próprio imperador.

Em 1845 chegam à nova cidade colonos alemães, que lhe dão sua feição cultural característica, da qual ainda hoje subsistem alguns traços. Petrópolis exige referência no nosso estudo, pois deixou de ser o local de simples repouso estival, primeiramente sonhado, e se tornou centro importante de indústria, e ponto de trânsito rodoviário e ferroviário com a corte, como veremos.

Em 1840, o Rio continha mais ou menos 200.000 habitantes e perto de 14.000 casas. Os seus edifícios principais eram, porém, todos do tempo da Colônia, o que confirma o que acima avançamos sobre o pequeno progresso material do Primeiro Reinado e da Regência. O serviço de transportes e o de iluminação é que tinham melhorado. Segundo o depoimento de Kidder, raras cidades do mundo eram mais bem iluminadas que o Rio, em 1840. E isto era tanto mais notável quanto não possuía a cidade, ainda, iluminação a gás. Os candeeiros eram de querosene, suspensos sobre as ruas e podendo descer, para serem limpos.

Quanto aos transportes, além do serviço de diligências entre a cidade e Santa Cruz, existente desde 1817, segundo Noronha Santos, Kidder nos dá notícia de linhas de ônibus que ligavam a praça da Constituição aos bairros de Laranjeiras, Botafogo, São Cristóvão e Engenho Velho. Em 1840, havia já também um serviço regular de barcas a vapor entre o Rio e Niterói. Gardner, cujo depoimento concorda com estes dados, acrescenta outros, também interessantes. Informa que o Rio, belo quando visto de longe, era desagradável de perto, com as ruas sujas e estreitas, formigando de uma negrada seminua e mal-cheirosa. Quase não se viam brancos. Estes, homens e mulheres, andavam muito bem vestidos. Mas a transformação da cidade, sob o Império, começaria de então para diante, com a época áurea do café, que fez da sede da corte o centro luxuoso e brilhante do seu reinado econômico.

Em 1860, a população do Rio já era avaliada em 400.000 pessoas. Mantinha a sua liderança demográfica sobre todas as cidades da América Latina. Uma observação de Ribeyrolles nos mostra como o Rio era a capital opulenta de uma civilização exclusivamente agrícola. O francês observa que a cidade, com os seus belos palacetes no meio da folhagem das chácaras, as suas praias caprichosas também bordadas de vivendas, não tinha chaminés, não tinha fornalhas, não tinha fábricas. Parecia Cápua e não Manchester, conclui. E insiste com os brasileiros para que transformem o ambiente, para que façam do Rio uma grande cidade industrial, como se isto fosse assim tão fácil e dependesse apenas do fazer dos brasileiros. Na verdade, a transformação da economia agrícola em industrial requereria outros fatores.

Na última década, a partir de 1850, grandes coisas tinham ocorrido, direta ou indiretamente causadas pelo café, cuja lavoura se expandia enormemente, e também pela inflação de crédito, causada pelo recolhimento do capital empregado no tráfico negreiro, oficialmente suspenso em 1850. Foi o tempo do Código Comercial, do telégrafo elétrico, do calçamento, dos esgotos, da iluminação a gás, de um Banco do Brasil mais sólido que o do Brasil-Reino e o do Primeiro Reinado. Durante o período, segundo Taunay, fundaram-se 62 empresas industriais, 14 bancos, 3 caixas econômicas, 20 companhias de navegação a vapor, 23 de seguros, 4 de colonização, 8 de mineração, 3 de transportes, 2 de gás e, finalmente, 8 de estradas de ferro. A mais importante delas foi a que deu início à mecanização dos transportes. Desde 1835 se pensava em introduzir entre nós as estradas de ferro. Naquele ano, com efeito, o regente Feijó promulgou uma lei que visava à construção de uma rede ferroviária ligando as províncias do Rio Grande, Minas e Bahia ao Rio. Não houve seguimento a este projeto, nem a outro de 1840, quando se pretendeu fazer a ligação, por estrada de ferro, do município neutro a São Paulo. Várias outras estradas foram planejadas em diferentes pontos, mas somente em 1852 o Governo baixou a lei em cuja vigência Mauá levaria a cabo a sua grande iniciativa. A partir daquele ano, começa ele a constituição da sua companhia e em 30 de abril de 1854 inaugura a primeira estrada de ferro do Brasil, que corria de Porto de Estrela à Raiz da Serra de Petrópolis, com cerca de 15 quilômetros de percurso. A estrada de Mauá se orientava, porém, em direção à serra dos Órgãos, cuja transposição não levaria os trilhos à zona mais rica em café. Para chegar a esta, era mister vencer a cadeia marítima em outro ponto, mais a oeste, como lembra ainda Afonso Taunay, na sua grande *História do Café*.

Alguns fazendeiros encareciam a necessidade do transporte ferroviário que viesse dar escoamento à produção sempre maior de ano para ano. Iniciativas particulares tentadas revelaram-se, como é natural, insuficientes para a vastidão das despesas. O imperador se convenceu da necessidade do empreendimento, apesar da oposição de alguns dos seus maiores políticos. O cientista Luís Agassiz nos fornece, na sua obra clássica, minuciosos dados sobre a construção da estrada, até ao tempo em que esteve no Brasil. Passemos sobre as dificuldades técnicas e administrativas que se antolhavam e consignemos de início a inauguração, em 8 de novembro de 1858, do primeiro trecho que ia do Rio a Belém. Tratou-se depois da parte mais difícil, a conquista da serra. Cristiano Otoni, diretor da estrada, resolveu trazer engenheiros especializados americanos. Foram eles Garnett, que se demorou apenas dois anos, e Elisson, a quem mais tarde se juntou um irmão. Os primeiros chegaram ao Brasil em 1856 e já em 1863 a ponta dos trilhos atingia a Barra do Piraí. Nesta altura estavam esgotados os capitais, e o Governo imperial, em 1865, se vê obrigado a encampar a companhia. Mas estava também vencida a serra, o grande obstáculo. Obra imensa para o tempo e para os recursos do Brasil. O trabalho dos túneis foi particularmente penoso e arriscado, pelos desabamentos ocorridos em certos locais. Somente no túnel Grande, diz Agassiz (que aliás ainda o conheceu inacabado), foram utilizados 400 operários trabalhando em dois turnos, dia e noite, exceto aos domingos, durante 7 anos.

A encampação e a conseqüente administração do Governo arrefeceram um pouco o ímpeto de penetração da estrada, o que também terá sido auxiliado pelo gradual afastamento do seu leito da zona do café.

Em todo caso, em 1880 chega a Pedro II a Barbacena e, no último ano do Império, é inaugurada solenemente a estação de Ouro Preto, capital da província.

Na direção de São Paulo, a Pedro II atinge Barra Mansa em 1871. Nos últimos anos do Império não ia ela senão até Cachoeira, de onde partia a estrada chamada Norte de São Paulo, que completava a ligação da corte com a capital. Demos extensão um pouco maior à referência feita à estrada Pedro II, por ter sido ela a primeira a ligar o interior agrícola aos portos do litoral, por meio de um sistema de transporte de grande capacidade.

Vejamos agora o desenvolvimento deste processo de formação de transportes. Em São Paulo, a íngreme serra de Santos, cuja dificuldade de tráfego acentuamos desde que tratamos do século XVI, foi transposta em 1866 pela São Paulo Railway, segundo planos traçados desde 1858 pelo engenheiro Brunlees e depois modificados pelo seu colega Lane, ambos ingleses. A construção iniciou-se em 1860. A essa companhia se seguiram rapidamente outras, que ainda no Império integraram na província a maior rede ferroviária do Brasil, abrindo sempre caminho ao café, o que foi elemento básico para o grande avanço da civilização daquele estado em relação aos outros da Federação.

Em Minas também outras estradas se fizeram, além da Pedro II, sendo a mais importante a Leopoldina, constituída a princípio de trechos diversos. A maior parte da renda de toda essa rede era, naturalmente, assegurada pelo café.

Também o transporte rodoviário se expandiu pelas mesmas causas. Como exemplo significativo de tal expansão, podemos referir a estrada de rodagem União e Indústria, mantida graças ao gênio empreendedor de Mariano Procópio. Cobria ela um trecho relativamente pequeno, de Petrópolis a Juiz de Fora, mas teve grande utilidade e era magnífica em relação aos recursos da época. De Petrópolis até à Raiz da Serra, onde se tornava a estrada de ferro, descia-se pelo velho caminho, muito melhorado pelo coronel Aureliano de Sousa, pai do Visconde de Sepetiba, o famoso valido do menino Pedro II. O coronel transformara a antiga estrada colonial na célebre Calçada da Estrela, a qual, segundo o depoimento de Castelnau, não era aliás muito cômoda, com as suas pedras escorregadias e desiguais.

As cidades da zona cafeeira progrediram muito, naturalmente. Grande extensão da província do Rio de Janeiro, bem como as regiões de São Paulo e Minas banhadas pelo Paraíba e seus tributários se enriqueceram e desenvolveram consideravelmente. Na província do Rio de Janeiro pode-se dizer que, em meados do século, todo o território fora conquistado pelo café. As plantações da orla litorânea, zona de velhas cidades e de cultura de cana, eram menores, ou, como diz Oliveira Viana, complementares. Já na região alta das serras o café se tornou preponderante. Taunay lembra que grandes extensões da província, despovoadas em 1840, em 1850 estavam já providas de ricas comarcas cafeeiras, com prósperas vilas. Floresceram, assim, no interior as localidades de Resende, Barra Mansa, Piraí, Valença, Vassouras, São João Marcos, Estrela, Nova Friburgo, Paraíba do Sul, Capivari. A zona mineira chamada da Mata era também deserta em 1840. Com exceção de Juiz de Fora (que aliás, pelo que se depreende do testemunho de Castelnau, não passava em 1843 de um miserável vilarejo), Matias Barbosa, Simão Pereira e mais algum pouso à beira do Caminho Novo, nada mais havia. O café, porém, atingiu a província, vindo pelos vales do rio Preto e do Paraibuna, difundiu-se pela Mata e civilizou-a. Agassiz, 20 anos depois de Castelnau, já encontra Juiz de Fora transformada, com estrada magnífica e propriedades como a chácara de Mariano Procópio, que era talvez, no tempo, uma das mais luxuosas casas do Império.

Carangola, Muriaé, Cataguazes, Manhuaçu, Manhumirim, Leopoldina, Pomba, Ubá, Rio Branco, Rio Novo, Viçosa, São João

Nepomuceno são testemunhos da nova civilização mineira, que sucedeu à extinta era do ouro fixando-se na parte leste da província, em toda a extensão, do Rio de Janeiro ao sul do Espírito Santo.

Em São Paulo, o velho ninho das bandeiras de Minas se reanimou com o café. Taubaté, Guaratinguetá, Pindamonhangaba, Jacareí e também pequenas populações do século XVIII e outras novas, como Bananal, Lorena, Cachoeira, São José de Barreiro, Areias, cobrem-se de grandes cafezais, vistosas fazendas apalacetadas, como as do Rio e de Minas.

A civilização do café imperial foi a réplica meridional brilhante e o encerramento da era agrícola escravocrata e latifundiária brasileira, iniciada no século XVI com as plantações de cana no litoral nordestino. O café do fim do Império e da República, baseado, na zona de sua maior expansão, no trabalho do imigrante assalariado, se apresenta sob aspectos sociológicos completamente distintos e dá por isso origem a uma civilização material muito diversa.

A nova era do café se afirmou verdadeiramente quando entrava em declínio a zona montanhosa do café imperial, isto é, mais ou menos em 1880. Deu-se então, sobre as novas bases históricas acima sumariamente indicadas, a conquista do oeste paulista, a partir de Campinas, que é uma espécie de ponto de encontro entre a civilização imperial e a civilização republicana do café. Novas estradas de ferro, novas cidades novas raças, um verdadeiro movimento que ainda hoje nos reserva experiências e surpresas. Mas o apogeu deste movimento, inclusive a transformação da cidade de São Paulo em uma das grandes do mundo, escapa já ao século XIX e, portanto, ao nosso curso.

Fora da zona cafeeira, as alterações da civilização brasileira até ao advento da República são relativamente de pequena monta. Estenderam-se a rede telegráfica, a navegação fluvial a vapor, as estradas de ferro, por vários pontos do interior. Houve certas tentativas grandiosas cujo fracasso parcial não desmerece a importância histórica. Entre elas se destaca a de Teófilo Otoni, no seu sonho de transformar a zona do rio Mucuri em vasta região civilizada. O plano previa a construção de estradas de rodagem e de ferro, a navegação fluvial a vapor, a fundação de cidades, o aparelhamento de portos. Devia-se, como dizia Teófilo Otoni, dar saída para o mar a centenas de milhares de mineiros. Em parte foi o plano realizado, inclusive na criação da bela Filadélfia, hoje cidade de Teófilo Otoni. As dificuldades foram, porém, maiores que os recursos. O livro de Teófilo Otoni sobre a Companhia do Mucuri é um documento notável da nossa era dos pioneiros.

Ao norte do Rio, a Bahia conservava a sua fisionomia colonial característica, que tantos traços tão caros a todos nós ainda hoje mantém. A esposa de Agassiz, principal redatora do livro, tendo utilizado a cadeirinha para passar à cidade alta, diz que a Bahia, com as suas ladeiras, as suas construções bizarras, as suas velhas igrejas, parecia tão estranhamente antiga como o veículo venerável.

Mas a civilização dos engenhos do norte ainda continuava, apesar de amplamente vencida em riqueza pela dos cafezais do sul. Na Bahia, como em Pernambuco, o predomínio político na segunda metade do século estaria ainda nas mãos da aristocracia rural, quer dizer, principalmente açucareira. Recife tinha progredido e se modernizado mais que a Bahia, o que naturalmente a topografia plana da cidade facilitava. As casas-grandes dos engenhos, segundo depoimentos recolhidos por Gilberto Freyre, mantinham a amplidão e a solidez de antigamente, com muitos melhoramentos técnicos dos tempos novos, em matéria de maquinaria e de transportes.

A capital do Ceará se transformava rapidamente, embora fora da zona do açúcar. A população aumentou em poucos anos; quase todas as ruas estavam calçadas e providas de passeios, melhoramento antes desconhecido ali.

O Maranhão tivera algum progresso na administração do poeta Franklin Dória, Barão de Loreto, iniciada em 1867. Então se introduziu a navegação a vapor do rio Itapemeri, melhorou-se o porto, adotou-se, a exemplo de outras províncias, a iluminação a gás na capital.

Na Amazônia, o progresso se acentuava em alguns setores. Belém se desenvolvia, com as suas belas ruas plantadas de mangueiras. Mas no transporte pelo rio é que se fizera uma admirável revolução. A civilização não poderia entrar na Amazônia a não ser pela via fluvial. Os portugueses, como acentua Ferreira Reis, a interceptavam, desde o século XVIII, sempre que a navegação interna podia acarretar perigo à soberania da Coroa sobre os territórios e sobre o monopólio do seu comércio extrativo. Assim, foram fechados o Madeira e o Tocantins. Aos poucos e graças às numerosas explorações geográficas ordenadas pela Coroa, tornou-se evidente que o progresso da Amazônia e o intercâmbio interno do centro do Brasil com o norte dependiam da franquia fluvial. E antes da independência começou-se a cuidar a sério do problema. No início da nossa vida de nação livre (sempre seguindo Ferreira Reis), cerca de 1.000 embarcações cortavam o Amazonas, da sua foz à fronteira do Peru. Martius nos conta algo desta navegação cheia de imprevistos e perigos. Uma das frágeis embarcações em que viajava naufragou, tendo o sábio escapado à morte por pouco. Mas breve viria a navegação a vapor.

Em 1826 chega a Belém o primeiro navio, a vapor, o *Amazon*, pertencente a uma empresa que se formara nos Estados Unidos graças à diligência do nosso ministro naquele país, Silvestre Rebelo. Mas o governador da província não permitiu fosse aberto o tráfego à companhia estrangeira. Várias outras tentativas, igualmente fracassadas por causas diferentes, se sucederam até 1850. Nesse ano o presidente do Conselho, Visconde de Monte Alegre, amigo de Mauá, pediu-lhe que tomasse a peito a solução do caso, tendo-se elevado à categoria de província, por decreto de 5 de setembro, a antiga comarca do Alto Amazonas. Não foram pequenas nem poucas as dificuldades, materiais e políticas, inclusive a obstinação com que o Império repelia a liberdade de navegação para as outras bandeiras, a qual só veio a ser assegurada em 1867, como recorda Cláudio Ganns. Em todo caso, mesmo antes disto a navegação a vapor assumira considerável desenvolvimento. Agassiz em 1865 já fez a viagem em condições de conforto que nos são descritas por sua esposa e merecem ser lembradas. O seu apartamento a bordo se compunha de vasto quarto de dormir, com banheiro junto. No tombadilho, confortáveis cadeiras e poltrona, uma grande mesa coberta de jornais, um ambiente, enfim, com que o ilustre Martius nem poderia sonhar menos de meio século antes.

Pouco depois, o navio *Amazon* vinha de Londres a Manaus, e em 1875 inicia-se o tráfego regular de vapores entre a Europa e o norte do Brasil. Mas os estabelecimentos fixos não correspondiam ao luxo do transporte desses navios estrangeiros. As pequenas vilas marginais decaíram, com exceção de Tefé, e Manaus era um pobre conglomerado de casas, das quais metade estava em ruínas. A senhora Agassiz prevê com justeza que a insignificante Manaus poderia ser mais tarde um grande centro de comércio e navegação. Isto se daria de fato algum tempo depois na era da borracha.

Vamos agora dar um passeio pelo sul. Uma grande força viera emprestar nova vida ao progresso do Brasil meridional: a imigração alemã. Depois de tímidos ensaios (1824-1830), prejudicados na confusão da guerra civil (1830-1845), a colonização alemã prosperava rapidamente no Rio Grande. Note-se bem que era uma imigração de alemães democratas.

Aurélio Porto, no seu substancioso trabalho *Die deutsche Arbeit in Rio Grande do Sul*, nos oferece dados interessantes sobre este importantíssimo movimento da nossa civilização. Porto Alegre via aumentar o seu comércio e a sua indústria, com os estabelecimentos dos industriosos imigrantes. A cultura dos campos adquiriu enorme impulso, modernizou-se, aperfeiçoou-se, nas regiões coloniais. Mesmo as culturas tipicamente brasileiras, como a mandioca, o milho, o feijão ou o tabaco, aumentaram extraordinariamente nas mãos daqueles trabalhadores de grande classe. São Leopoldo se tornara o ponto central do desenvolvimento agrícola e industrial da província. Santa Cruz, Mundo Novo, Montenegro, Taquari, Teutônia, Passo Fundo, Santa Maria da Boca do Monte, São Sebastião do Caí, Rio Pardo, Estrela, Novo

Hamburgo, Jaguarão, São Lourenço, Triunfo, Cachoeira, Pelotas, Rio Grande, localidades tão distantes umas das outras, sofreram todas, em maior ou menor escala, a influência fecunda do suor estrangeiro. Problema sério, aliás nunca perfeitamente resolvido, era o do porto. A barra do Rio Grande, estudada e trabalhada por grandes técnicos do Império, inclusive Rebouças, nunca foi isenta de perigos. Ainda hoje, um grande porto é problema sem solução no Rio Grande. Em todo caso, Karl von Koseritz, que foi no seu tempo a mais importante figura da colonização alemã no Brasil, relembra em 1883, no livro *Bildern aus Brasilien*, a extrema transformação a que ele próprio assistira nos 32 anos em que residira no sul do nosso país. Em Santa Catarina, também, já se fazia sentir o início do trabalho germânico, que devia pouco depois se afirmar em manifestações da importância de Blumenau. A capital, Desterro, foi até o fim do Império (como o é ainda hoje) uma cidade pequenina, mas agradável.

No Paraná, o grande problema da escalada da serra, menos premente do ponto de vista econômico do que na zona onde o café clamava por transporte, foi, por isto mesmo, resolvido um pouco mais tarde que no Rio de Janeiro e S. Paulo.

Em 1882 uma companhia francesa tentava ligar, por estrada de ferro, o porto de Paranaguá à cidade de Curitiba. Os trabalhos estavam, porém, correndo com muita morosidade, por causa das dificuldades técnicas e da febre que dizimava os operários da baixada. Mas naquele ano tomou a chefia do serviço o engenheiro brasileiro João de Teixeira Soares, graças a cuja energia e competência foi o árduo trabalho levado a bom termo. Koseritz, que vê a linha em construção em 1883, fala nos operários que tinham embarcado em Santa Catarina para as obras da estrada e diz que não foi sem pena que os viu desembarcar em Paranaguá ao encontro das temidas febres que faziam quase impossível a manutenção das forças dos trabalhadores. Em 1885 a muralha brasileira estava já perfurada mais uma vez, possibilitando a fecundação econômica de outra zona do interior.

Já vimos o que era São Paulo no fim do Império e lembremos apenas que o Rio de Janeiro, apesar da febre amarela, era, com as suas 500.000 almas, a mais importante cidade do continente. O citado Koseritz, que é dos melhores cronistas da época, tem freqüentes observações sobre a importância do comércio carioca, dos seus teatros, bibliotecas, hotéis, transportes urbanos, iluminação elétrica, telefone, com repetidas advertências de que muitos desses serviços ou comodidades eram "os melhores da América do Sul". Fora também vencida, recentemente, a serra de Petrópolis. E certos passageiros viajavam no trem de cremalheira mais ou menos no estado de espírito de quem entra hoje, pela primeira vez, num avião estratosférico. Esgotos nas casas particulares, já os havia desde meados do século, a princípio concedidos a John Russell (que deu nome à praia do Russell, onde morava), concessão transferida depois à companhia inglesa que ainda hoje os explora.[4] Navegação regular a vapor, ligando a corte aos estados e aos países estrangeiros também. Os Estados Unidos se ligaram à Europa pela primeira vez através da navegação a vapor, em 1838, tendo o navio *Great Western* feito em 15 dias a viagem de Bristol a Nova York. No Brasil, entretanto, o mesmo passo só foi dado em janeiro de 1851, quando chegou ao Rio de Janeiro, partindo de Southampton, o paquete inglês *Teriot*. Navegação a vapor de pequeno curso, entre portos da costa brasileira, já existia, porém em espécies de barcas grandes.

Com o fim do Império, o Brasil ensaiava os primeiros passos no caminho de passagem do capitalismo comercial para o capitalismo industrial, que hoje vai firmemente trilhando. Tendo deixado de ser o célebre "país essencialmente agrícola", foi se transformando no que hoje é, o segundo empório industrial do continente, com uma produção industrial já imensamente superior à agrícola, em valor, e capaz de conquistar mercados estrangeiros.

Encerrando o curso, é grato ao ocasional professor fazê-lo com a rememoração do último episódio marcante da civilização brasi-

---

[4] Hoje o serviço de esgotos depende do estado da Guanabara. (Nota de 1971.)

leira no século XIX: a fundação de Belo Horizonte. O velho sonho dos Inconfidentes de 1788 de transferirem a capital de Minas, de Vila Rica para um novo centro mais bem situado e mais capaz de desenvolvimento, foi afinal tornado realidade.

A República viria, no crepúsculo do século, encontrar solução para o problema. Depois de muitos planos, estudos e não poucas refregas, foi escolhida a vila de Curral d'El-Rei, comarca de Sabará, em região onde se poderia desenvolver uma grande cidade, com bom clima e no centro do estado.

Abílio Barreto, o douto historiador da capital mineira, reconstitui todas as etapas da fundação da cidade. Apenas consignaremos aqui a data de sua instalação oficial, que foi 12 de dezembro de 1897. Nesse dia chegou a Belo Horizonte — nome que fora dado ao Curral d'El-Rei desde 1890, por ocasião do início dos trabalhos — o presidente do estado, Bias Fortes. A nova capital foi instalada a princípio com o nome de Cidade de Minas, o que fazia a fúria e o desespero do poeta Raimundo Correia, que contra o fato protestava em termos incompatíveis com letra de fôrma. A instalação solene se deu na praça simbolicamente chamada da Liberdade, velho culto nunca arrefecido nos corações mineiros.

BIBLIOGRAFIA

ABREU, J. Capistrano de — *Capítulos de História Colonial.* (1500-1800), 3ª edição, Rio, Ed. da Sociedade Capistrano de Abreu, 1934.
ABREU, J. Capistrano de — *Caminhos Antigos e Povoamento do Brasil.* Rio, Ed. da Sociedade Capistrano de Abreu, 1930.
ABREU, Manuel Cardoso de — "Divertimento Admirável para os historiadores curiosos observarem as máquinas do mundo." in: *Revista do Instituto Histórico e Geográfico Brasileiro*, tomo LXXVII, 2ª parte, Rio, 1915", p. 125-156.
ACIOLI, Inácio — *Memórias Históricas e Políticas da Província da Bahia*, anotadas por Brás do Amaral. Bahia, Ed. do Governo do Estado, 1919-1940. 5 vols.
ACUÑA, Padre Cristóvão d' — "Novo Descobrimento do Grande Rio das Amazonas." in *Revista do Instituto Histórico e Geográfico Brasileiro*, tomo XXVIII, Rio, 1865", p. 163-265.
AGASSIZ, Professor and Mrs. Louis — *A Journey in Brazil, 1865-1866.* London, Trubner & Co., 1868.
ALENCASTRE, José Martins Pereira de — "Memória chronologica, historia e chorographica da Província do Piauhy", 1855, in *Revista do Instituto Histórico e Geográfico Brasileiro*, XX, p. 6.
ALVARÁ de 27/X/733, proibindo a abertura de caminhos para as minas, in *Publicações do Arquivo Nacional*, vol. VII.
ANCHIETA, José de — *Cartas, Informações, Fragmentos Históricos e Sermões, 1554-1594.* Rio, Publicações da Academia Brasileira, 1933. (Col. Afrânio Peixoto.)

ANTONIL, André João — "Cultura e opulência do Brasil por suas drogas e minas", in *Revista do Arquivo Público Mineiro*, vol. IV, fasc. III e IV, 1899, págs. 402-557.

ANTUNES, De Paranhos — "Origens dos Primeiros Núcleos Urbanos no Rio Grande do Sul", in *Anais do 2º Congresso de História e Geografia do Rio Grande do Sul*, vol. II, Instituto Histórico e Geográfico do Rio Grande do Sul. Porto Alegre, 1937, págs. 359-374.

ATAS da Câmara de Vila Rica (1711-1715), in *Anais da Biblioteca Nacional*, vol. XLIX, pág. 199. Rio, 1936.

AZEVEDO, J. Lúcio de — *Épocas de Portugal Econômico*. Lisboa, 1929.

AZEVEDO, J. Lúcio de — *Os Jesuítas no Grão Pará*, Lisboa, 1901.

BARBOSA, Castro — "Discurso de Saudação a Teixeira Soares", in *Brasil Ferro Carril*, ano 4, 1913.

BARLÉU, Gaspar — *História dos feitos recentemente praticados durante oito anos no Brasil e outras partes sob o governo do ilustríssimo João Maurício Conde de Nassau*. Tradução e anotações de Cláudio Brandão, Rio, Ministério da Educação e Saúde, 1940.

BARRETO, Abílio — *Belo Horizonte, História Média e História Antiga*. Belo Horizonte, Edição da Livraria Rex, 1936.

BARROS, F. Borges de — *Dicionário Geográfico e Histórico da Bahia*, Bahia, Imprensa Oficial, 1923.

BASTOS, Manuel E. Fernandes — "A estrada da Laguna ao Rio Grande", in *Anais do II Congresso de História e Geografia Sul Rio-Grandense*. I (1937). págs. 295-323.

BESAUCHET, Lídia — *Mauá y sua época*, Buenos Aires. Ed. America Economica, 1940.

BETAMIO, Sebastião Francisco — "Notícia particular do Continente do Rio Grande do Sul", 1780, in *Revista do Instituto Histórico e Geográfico Brasileiro* XXI (1858), 2ª ed., 1930, págs. 219-270.

BLAER, João — "Diário de viagem aos Palmares em 1645," in *Rev. Inst. Arq. e Geog. Pernambucano*. 1901-1903, X. 56, págs. 87-96.

BURNIER, Miguel — *Prolongamento da Estrada de Ferro D. Pedro II.* Rio. Typ. J. Villeneuve, 1882.

BRANDÃO, Ambrósio Fernandes — *Diálogos das Grandezas do Brasil.* Introdução de Capistrano de Abreu e Notas de Rodolfo Garcia. Rio, Publicações da Academia Brasileira de Letras, 1930.

CARDIM, Fernão — *Tratados da Terra e Gente do Brasil*, Introdução e Notas de Batista Caetano, Capistrano de Abreu e Rodolfo Garcia. Rio, 1925.

CARTAS *Jesuíticas, II. Cartas Avulsas* (1550-1568). Rio, Publicação da Academia Brasileira, 1931. (Col. Afrânio Peixoto).

CASAL, Padre Manuel Aires do — *Corografia Brasílica ou Relação Histórico-Geográfica da Reino do Brasil.* Rio, 1817, 2 vols.

CASTELNAU — *Expédition dans les parties centrales de l'Amérique du Sud.* Leipzig, Ed. fac-similar da de 1850. 1922.

CENTENÁRIO de Petrópolis. Trabalhos da Comissão. 5 vols., 1938.

COELHO, Filipe José Nogueira — "Memórias cronológicas da Capitania de Mato Grosso", in *Rev. Inst. Hist. Geog. Bras.*, XIII (1850) págs. 137-199. 2ª edição, 1872.

CONSELHO Federal Suíço — Sentence dans la question des frontières de la Guyana Française et du Brésil, Berna, s. d.

COSTA, Lúcio — "Documentação necessária", in *Revista do Serviço do Patrimônio Histórico e Artístico Nacional,* I (1937), págs. 31-39.

COSTA, Lobo — *História da Sociedade em Portugal no século XV,* Lisboa, 1904.

CRIAÇÃO de Vilas no período colonial, in *Revista do Arquivo Público Mineira*, ano II (1897), págs. 81-107.

DEBRET, Jean-Baptiste — *Viagem Pitoresca e Histórica ao Brasil.* Trad. de Sergio Milliet. S. Paulo, Liv. Martins, 1940. 2 vols. (Publicação da Biblioteca Histórica Brasileira, sob a direção de Rubens Borba de Moraes.)

DIÁRIO de Navegação de Pero Lopes de Sousa (1530-1532), Estudo crítico pela Comandante Eugênio de Castro, Prefácio de J. Capistrano de Abreu. 1ª ed.

DOCUMENTOS Históricos, 1549-1552 — XXXVII — Biblioteca Nacional, Rio, 1937.
ESCHWEGE — *Journal von Brasilien*. Weimar, 1818.
ESTUDOS Afro-Brasileiros, Ariel Editora, Rio, 1935.
FALAS do Trono (1823-1889), Rio, Imprensa Nacional, 1889.
FAULKNER e KEPNER — *América, its History and People*. Nova York, Ed. Harpers, 1938.
FREI Francisco de Nossa Senhora dos Prazeres — "Poranduba Maranhense", in *Revista do Instituto Histórico e Geográfico Brasileiro*, LIV. (1891), I., págs. 9-277.
FREIRE, Felisbelo Firmo de Oliveira — *História de Sergipe*, Rio, 1891.
FREYRE, Gilberto — *Casa-Grande & Senzala*, Rio, 1933.
FREYRE, Gilberto — *Sobrados e Mucambos*, São Paulo, 1936.
FREYRE, Gilberto — *Um Engenheiro Francês no Brasil*, Rio, 1940.
GANDAVO, Pero de Magalhães — I. *Tratado da Terra do Brasil*; — II. *História da Província de Santa Cruz*, Rio, Publicação da Academia Brasileira, 1924.
GARDNER, George — *Travels in the interior of Brasil*. Londres, 1849.
GOULART, Jorge Salis — *A Formação do Rio Grande do Sul*.
HERCULANO, Alexandre — *História de Portugal*. Lisboa, 1846-1853.
HERIARTE, Maurício de — "A Descrição do Estado do Maranhão, Pará, Corupá e Rio das Amazonas", in *História Geral do Brasil* do Visconde de Porto Seguro, III, págs. 211-237, 3ª ed., São Paulo, Melhoramentos.
HERNANDEZ, Pe. Fabio — *Organización Social de las Doctrinas Guaranies de la Compañia de Jesus*, Barcelona, Gustavo Gill editor, 1812, 2 vols.
HEULHARD, A. — *Villegagnon, roi d'Amérique*, Paris, 1897.
HOLANDA, Sérgio Buarque de — *Relação cronológica da fundação das vilas no período colonial*. (Trabalho inédito, pertencente ao Arquivo do SPHAN).

INVENTÁRIO das armas e petrechos bélicos que os holandeses deixaram em Pernambuco e dos prédios edificados ou reparados até 1654, Recife, Biblioteca Pública de Pernambuco, 1940.

JABOATÃO, Frei Antônio de Santa Maria — *Novo Orbe serafico brasilico ou Chronica dos frades menores da Provincia do Brasil*, Rio, 1848-1852, 2 tomos.

JAEGER, Padre Luís Gonzaga — "As primitivas reduções jesuíticas do Rio Grande do Sul (1626-1638)", in *Anais da 2ª Congresso de História e Geografia Sul-Rio-grandense II*, 1937, págs. 379-395.

JAURÈS, Jean (e outros) — *Histoire Socialiste*, Paris, Ed. Jules Raul, s. d., 13 vols.

JOFFILY, Irineu — *Notas sobre a Paraíba*, Rio, 1892.

KIDDER, Rev. D. P., D. D. and FLETCHER, Rev. J. C. — *Brazil and the Brazilians*. Philadelphia, Child & Peterson, 1857.

KOSTER, Henry — *Travels in Brazil* in *the Years from 1809 to 1815*, Philadelphia, Printed and published by M. Carey & Son, 1817, 2 vols.

LAMEGO, Alberto — *A Terra Goytacá á luz de documentos inéditos*, 5 vols. (1º Rio, 1913. — 2º: Bruxelas, 1920. — 3º: Bruxelas, 1920. — 4º: Rio, 1941. — 5º: Niterói, 1942).

LEITE, Serafim — *História da Companhia de Jesus no Brasil*, 4 vols., Lisboa, Rio de Janeiro, 1938-1943.

LEME, Luís Gonzaga da Silva — *Geneologia Paulistana*, São Paulo, 1903-1905, 9 volumes.

LÉRY, Jean de — *Histoire d'un voyage faict en la terre du Brésil*. Avec une introduction et des notes par Paul Gaffarel, Paris, 1880, 2 vols.

LISBOA, Bento da Silva — "Biografia do Visconde de Cairu", in *Rev. Inst. Hist. Geog. Bras.* (1839), págs. 185-191.

MACHADO, Alcântara — *Vida e Morte do Bandeirante*, 2ª edição, São Paulo, 1930.

MACHADO, Francisco Xavier — "Memória relativa às capitanias do Piauí e Maranhão", in *Rev. Inst. Hist. Geog. Bras.*, XVII (1854), pág. 56-69, Rio, 1894.

MADRE de Deus, Frei Gaspar da — *História do Brazil, 1500-1627*, 3ª edição revista por Capistrano de Abreu e Rodolfo Garcia. S. Paulo, Ed. Melhoramentos.

MAGALHÃES, Basílio de — *Expansão Geográfica do Brasil Colonial*, 2ª edição, São Paulo, Ed. Nacional, 1935 (Biblioteca Pedagógica Brasileira, Série V, Brasiliana, vol. XLV).

MALDONADO, Capitão Miguel Aires — "Descrição que faz o Capitão Miguel Ayres Maldonado e o Capitão José de Castilho Pinto e seus companheiros dos trabalhos e fadigas das suas vidas, que tiveram nas conquistas da capitania do Rio de Janeiro e São Vicente, com a gentilidade e com os piratas nesta costa", in *Rev. Inst. Histórico Geográfico Brasileiro*, LVI, I (1893), págs. 345-400.

MARQUES, César Augusto — "Memória Histórica da Administração Provincial do Maranhão", na *Rev. Inst. Hist. Geog. Bras.* XLI, II (1878) págs. 5-69.

MATOS, Raimundo José da Cunha — "Corografia Histórica da Província de Goiás", in *Rev. Inst. Hist. Geog. Bras.* XXXVII (1874), I, págs. 213-398. XXXVIII (1875), I, págs. 5-149.

MAUÁ, Visconde de — *Autobiografia*, com prefácio e notas de Cláudio Ganas, 2ª edição, Rio, 1943.

MAXIMILIANO, Príncipe de Wied Neuwied — *Voyage au Brésil*. Paris, 1821-1822, 3 vols. (Tradução francesa.)

MELGAÇO, Barão de — "Apontamentos para o Dicionário Corográfico da Província de Mato Grosso", in *Revista do Inst. Hist. Geog. Bras.*, XLVII (1844), II, pág. 307-504.

MELO FRANCO, Virgilio Martins de — *Viagens pelo Interior de Minas Gerais e Goiás*. Rio, Imprensa Nacional, 1888.

MEMÓRIA Histórica da Capitania de Minas Gerais, in *Rev. Arq. Públ. Mineiro*, Ano II, fasc. 3º, julho e setembro de 1897, págs. 425-517.

MENDONÇA, Bento Fernandes Furtado de — "Primeiros descobridores das Minas de Ouro na Capitania de Minas Gerais", in *Revista do Arquivo Público Mineiro*, ano de 1939, págs. 83-98.

MÉTRAUX — *La Civilisation matérielle dos tribus tupi-guaranis*, Paris, 1928.

MONTEIRO, J. C. Rego — *A Colônia de Sacramento, 1680-1777*, Porto Alegre, Oficinas Gráficas da Livraria do Globo, 1937, 2 vols.

MONTEIRO, J. C. Rego — "Fortificações do canal e cidade do Rio-Grande", 1777, in *Anais do 2º Congresso de História e Geografia Sul-Rio-grandense*, II, pág. 243-264, Porto Alegre, 1937.

MONTEIRO, Tobias — *A Elaboração da Independência*, Rio, Briguiet, 1927.

MONTEIRO, Tobias — *História do Império*, Rio, Briguiet, 1939.

MOURÃO, Francisco — *Tradições de S. João d'El-Rei*, S. João d'El-Rei, 1924.

NÓBREGA, Pe. Manuel da — *Cartas do Brasil 1549-1560, Cartas Jesuíticas*, Rio, Publicação da Academia Brasileira, 1931. (Col. Afrânio Peixoto.)

NORDENKIOLD, Erland — *Ars Americana — L'Archéologie du Bassin de l'Amazone*, Paris, 1930.

NUNES, Antônio Duarte — "Almanaque Histórico da Cidade de S. Sebastião do Rio de Janeiro", in *Rev. Inst. Hist. Geog. Bras.*, XXI, 1858.

OTONI, Teófilo — *Liquidação da Companhia de Mucuri*, Rio, 1862.

PAULES, Cel. Antônio José de Silva — "Descrição Geográfica abreviada da Capitania do Ceará", in *Rev. Inst. Geog. Brás*, LX (1857), págs. 75-101.

PERDIGÃO, José Rebelo — "Notícia sobre os primeiros Descobrimentos do Território de Minas Gerais do Ouro", in *Rev. Inst. Hist. Geog. Bras.*, LXIX.

PEREIRA, Francisco Lobo Leite — "Descobrimento e Devassamento do Território de Minas Gerais", *Rev. do Arq. Públ. Mineiro*, ano VI (1902), págs. 549-581.

PEREZ, Carlos Graz — "El Rio Grande do Sul en la mapoteca de Chile" (1500-1809), in *Anais do 2º Congresso de Hist. e Geog. Rio-grandense*, I, 1937, págs. 243-263.

PERICOT, L. y Garcia — *América Indígena*, Barcelona, Ed. Salvat, 1936 (tomo I da coleção História de América).

PINTO, Irineu Ferreira — *Datas e Notas para a História da Paraíba*, Paraíba do Norte, 1908.

PIZARRO e Araújo, José de Sousa Azevedo — "Memórias históricas do Rio de Janeiro e das Províncias anexas à jurisdição do Vice-Rei do Estado do Brasil", Rio, 1820.

POHL, Joham Emanuel — *Raise im Innern von Brasilien*. Viena, 1832, 2 vols.

PORTO, Aurélio — *Die deutsche Arbeit in Rio Grande do Sul*, S. Leopoldo, 1934.

PORTO, Aurélio — *História das missões orientais do Uruguai*, Rio, Serviço do Patrimônio Histórico e Artístico Nacional, 1943.

PORTO SEGURO, Visconde de (Francisco Adolfo Varnhagen) — *História Geral do Brasil*, antes da sua separação e independência de Portugal, 3ª edição integral, notas de Capistrano de Abreu, revista e anotada por Rodolfo Garcia. S. Paulo, Melhoramentos, 1927-1936. 5 vols. (Tomo I, 4ª ed.)

RAMOS, Artur — *As Culturas Negras no Novo Mundo*, Rio, 1937.

RAMOS, Artur — *O Negro Brasileiro*, Rio, 1934.

REIS, Artur César Ferreira — Roteiro Histórico das Fortificações no Amazonas. in *Revista do SPHAN* nº 6, Rio, 1942, págs. 119-168.

REIS, Artur César Ferreira — "Roteiro Histórico das Fortificações no Amazonas", in *Anais 3º Congresso de História Nacional*, ed. 4, Rio, 1941, págs. 5-49.

RELAÇÃO das Capitanias do Brasil escrita no princípio do século décimo sétimo, in *Rev. Inst. Hist. Geog. Bras.*, LXII, I, págs. 5-59, (1899) Rio, 1900.

REQUERIMENTO dos Comerciantes do Rio e Resolução do Governador sobre o uso do caminho velho das minas, in *Publicações do Arquivo Nacional*, XXI.

REVISTA do Instituto Histórico e Geográfico Brasileiro XLVIII, LXXII, LXXVII, LXXX.

REVISTA do Instituto Histórico e Geográfico Brasileiro — Tomo Especial, consagrado ao 1º Congresso de História Nacional (7 a 16 de setembro de 1914), Parte II, Rio, 1915.

RIBEYROLLES, Charles — *Brasil Pitoresco, 1812-1860*. Trad. e notas de Gastão Penalva. Prefácio de Afonso d'E. Taunay, São Paulo, Biblioteca Histórica Brasileira, 1941.

RIO BRANCO, Barão de — "Efemérides Brasileiras", in *Rev. Inst. Hist. Geog. Bras.*, LXXXII (1917), págs. 1-618, Rio, 1918.

ROCHA PITA, Sebastião da — *História da América Portuguesa*, Lisboa, Ed. Francisco Artur da Silva, 1880.

ROCHA POMBO, José Francisco — *História do Brasil*, Rio, Ed. Jackson, 1935, 5 vols.

RODRIGUES, José Honório e RIBEIRO, Joaquim — *Civilização Holandesa no Brasil*, S. Paulo, 1940. (Coleção "Brasiliana".)

RODRIGUES, Nina — *Os Africanos no Brasil*, 2ª ed., Revisão e prefácio de Homero Pires, S. Paulo, Ed. Nacional. ("Brasiliana" nº 9).

RUBIM, Brás da Costa — "Notícia cronológica do Espírito Santo, desde o seu descobrimento até a nomeação do governo provisório", in *Rev. Inst. Hist. Geog. Bras.* XIX (1856), págs. 336-348, Rio, 1898.

RUBIM, Brás da Costa — "Memórias Históricas e documentadas da Província do Espírito Santo", in *Rev. Inst. Hist. Geog. Bras.* XXIV (1861), págs. 171-351.

SAINT-ADOLPHE, J. C. R. Milliet de — *Dicionário Geográfico, Histórico e Descritivo do Império do Brasil*, Paris, Ed. Aillaud Guillard & Cia., 1862, 2 vols.

SAINT-HILAIRE, Auguste de — *Voyages dans l'intérieur du Brésil;* 1ère Partie: Voyage dans les provinces de Rio de Janeiro et de Minas Gerais, Paris, Grimbert et Dorez, 1830. Tomes I-II. — 2ème Partie: Voyage dans le district des diamans et sur le littoral du Brésil, Paris, Gide, 1833. Tomes I-II. — 3ème Partie: Voyage aux sources du Rio S. Francisco et dans la province de Goyaz. Paris, Arthus Bertrand, 1847-1848. Tomes 1-11. 4ème Partie: Voyage dans les provinces de Saint-Paul et de Sainte Catherine, Paris,

Arthus Bertrand, 1851. Tomes I-II. *Voyages à Rio Grande do Sul*, Orleans, H. Herluison, 1887.

SANTOS, Francisco Agenor de Noronha — *Meios de transporte no Rio de Janeiro*. Rio, Ed. Jornal do Comércio, de Rodrigues & Cia. 1934, 2 vols.

SANTOS, Francisco Agenor de Noronha — "Aqueduto da Carioca", in *Revista do SPHAN*, nº 4, 1940, págs. 7-53.

SANTOS, Joaquim Felício dos. *Memórias do Distrito Diamantino da Comarca do Serro Frio*, Rio, Ed. A. J. Castilho, 1924.

SILVA, Tomás da Costa Correia Rebelo e — "Memórias sobre a Província de Mímica", in *Rev. Inst. Hist. Geog. Bras.* II (1840) págs. 157-171, 3ª ed. Rio, 1916.

SIMONSEN, Roberto — "A evolução industrial do Brasil" (folheto).

SIQUEIRA, Joaquim da Costa — "Compêndio Histórico Cronológico das Notícias de Cuiabá", *Rev. Inst. Hist. Geog. Bras.*, tomo XIII, págs. 5-124 (1882).

SOARES DE SOUZA, Gabriel — *Tratado descritivo do Brasil*, 2ª ed., Rio, 1897.

SOUSA, Augusto Fausto de — "Fortificações do Brasil, época da respectiva fundação, motivo determinativo dela, sua importância defensiva, e valor atual", in *Rev. Inst. Hist. Geog. Bras.*, tomo XLVIII (1885) II, págs. 5-140.

SOUSA, Bernardino José de — *O Pau Brasil na História Nacional*, S. Paulo, 1939.

SOUSA, Padre Luís Antônio da Silva e — "Memória sobre o descobrimento, governo, população, e causas mais notáveis da capitania de Goiás", in *Rev. Inst. Hist. Geog. Bras.* XII (1849), págs. 429-510. 2ª ed., Rio, 1874.

SOUSA, Washington Luís Pereira de — *Capitania de São Paulo*, S. Paulo, Tip. Casa Garraux, 1918.

SOUTHEY, Robert — *History of Brazil*, Londres, 1810-1819, 3 vols.

STADEN, Hans — *Viagem ao Brasil.* Versão do texto de Marburgo, de 1557, por Alberto Loefgren. Revista e anotada por Teodoro Sampaio, Rio, Publicação da Academia Brasileira, 1930.

STUDART, Barão de — *Notas para a História do Ceará*, Lisboa, 1892.

TAQUES, Pedro — "Nobilarquia Paulistana", in *Rev. Inst. Hist. Geog. Bras.*, Rio, 1926. (Tomo Especial.)

TAUNAY, Afonso de E. — *História Geral das Bandeiras Paulistas*, S. Paulo, 1924-1936, 6 vols.

TAUNAY, Afonso de E. — *Ensaio de Carta Geral das Bandeiras Paulistas.*

TAUNAY, Afonso de E. — "A grande vida de Fernão Dias Paes Leme", in *Anais do Museu Paulista*, Tomo IV, S. Paulo, 1931, págs. 1-200.

TAUNAY, Afonso de E. — "A Missão Artística de 1816", in *Rev. Inst. Hist. Geog. Bras.*, LXXIV, (1911), I, págs. 5-202.

TAUNAY, Afonso de E. — *História do Café no Brasil*, Rio, Departamento Nacional do Café, 1939, 12 vols.

THEVET, André — *Les singularités de la France Antarctique*, Paris, 1878.

TOLEDO, Lafayette de — "Padre Faria", in *Revista do Arquivo Público Mineiro*, Ano VI, Fasc. III e IV — julho e dezembro de 1901, págs. 981-993.

TOLLENARE, L. F. de — "Notas Dominicais", in *Rev. Inst. Arq. Geog. Pernambucano*, vol XI, ns. 61-62 (1904), págs. 341-546, Recife, 1904.

VASCONCELOS, Diogo de — *História antiga das Minas Gerais*, Belo Horizonte, Imprensa Oficial, 1904.

VASCONCELOS, Diogo de — *História média de Minas Gerais*, Belo Horizonte, Imprensa Oficial, 1918.

VASCONCELOS, P. Simão de — *Chronica da Companhia de Jesus do Estado de Brasil*, Lisboa, A. J. Fernandes Lopes, 1865.

VASCONCELOS, Salomão de — *Mariana e seus templos — Era colonial, 1703-1797*, Belo Horizonte, 1938.

VICENTE DO SALVADOR, Frei — *História do Brasil*, Nova edição revista por Capistrano de Abreu, S. Paulo, 1918.

VIEIRA FAZENDA, José — *Antiqualhas e Memórias do Rio de Janeiro*, Rio, Imprensa Nacional, 1927, 5 vols.

VIEIRA FAZENDA, José — "Fundamentos da cidade do Rio de Janeiro", in *Rev. Inst. Hist. Geog. Bras.*, 80 (1916), págs. 531-550.

VILHENA, Luís dos Santos — *Cartas de Vilhena — Notícias Soteropolitanas e Brasílicas*, Liv. 1 e 2, Bahia, Imp. Oficial, 1922.

VILHENA, Luís dos Santos — *Recopilação de Notícias da Capitania de S. Paulo*, Bahia, Imp. Oficial, 1935, Livro 3º.

VON Den Steinen — *Dursch Central-Brasilien*, Leipzig, 1866.

WAETJEN, Hermann — *Das Hollandische Kolonielreich in Brasilien*, Haia, 1921.

WALSH, Rev. R. — *Notices of Brasil*, Boston, 1931, 2 vols.

ÍNDICE ONOMÁSTICO

A

Abeville (Claude d'), 65
Acari (rio), 78
Aclamação (praça da), 136, 137
Açores, 108
Acuña (Cristóvão de), 85, 151
África, 25, 27, 32, 35, 40, 70, 97
Agassiz (Luís), 141, 143, 145, 146, 147, 151
Água Quente (povoado), 106
Aguirre (Lopo de), 85
Aiuruoca (região do), 95
Ajuda (convento da), 56
Alagoas, 74
Alagoas do Norte, 74
Alagoas do Sul, 74
Albuquerque (Antônio de), 91
Albuquerque (Jerônimo de), 60, 66
Albuquerque (vila de), 91
Alemanha, 25
Alencastre, 133, 134, 151
Almeida (d. Pedro de), 92, 93
Almeirim (vila de), 68
Alpoim (brigadeiro), 118
Alto Amazonas, 135, 146
Álvares (Diogo), 41
Amaro (João), 77, 97
Amaro Leite (povoação), 107
Amazonas (bacia do), 34
Amazonas (estado do), 136
Amazonas (país das), 85
Amazonas (rio), 34, 67, 68, 85, 86
Amazon (navio), 147
Amazônia, 86, 146
América, 34, 40, 111
América Abreviada, 67
América do Sul, 149
América Latina, 140
América Portuguesa, 40, 83, 159
Anchieta (Pe. José de), 43, 50, 52, 55, 61, 151
Andrade (Rodrigo Melo Franco de), 9, 11, 21
Anhangüera, 103
Antonil, 96, 97, 153

Antonina, 128
Antônio Dias (arraial de), 91
Aracaju, 75
Aragão (Baltasar de), 57, 76
Araguaia (rio), 106
Arassuaí (rio), 94
Araújo (Francisco Gil de), 78
Araújo (João de Sousa e Azevedo Pizarro e), 80, 102
Arcos (Conde dos), 131, 135
Arcos da Carioca, 36, 118
Areias (povoação), 126, 144
Argentina, 128, 138
Arinos (rio), 103
Arraial Velho, 92
Arrependidos (registro dos), 106
Arzão (Antônio Rodrigues), 89
Ásia, 61
Assumar (Conde de), 92
Assunção, 81
Atlântico (oceano), 85
Ávila (Garcia d'), 36, 56, 57
Azevedo (João Lúcio de), 117

B

Baependi, 88, 90
Bahia, 46, 51, 53, 54, 55, 57, 59, 62, 67, 75, 76, 77, 78, 80, 92, 105, 107, 113, 114, 151
Baixo Amazonas, 117
Balaiada, 138
Bananal (povoação), 126, 144
Banco do Brasil, 124, 140
Barbacena, 96, 103, 142
Barbacena (Visconde de), 94
Barbosa (Frutuoso), 58
Barbosa (Matias), 96, 143
Barra Mansa, 142, 143
Barra do Piraí, 141
Barra do Rio das Velhas, 88, 97
Barra do Rio Negro, 136
Barros (Antônio Cardoso de), 28, 48, 59
Barreto (Abílio), 150
Barros (Cristóvão de), 59, 75
Barros (Pais de), 101
Bastos (Fernandes), 107
Beberibe (rio), 114
Belém do Pará, 135
Belo Horizonte, 15, 150
Benevente (Vila de), 131
Berredo (Antônio César), 64, 65
Besouchet (Lídia), 137
Bettendorf (Pe. Felipe), 67
Bichinho (povoação), 88
Blumenau, 148
Boa Vista (povoação), 73, 88, 132
Boa Vista (Barão de), 138
Boipeba (Vila de), 77, 78
Bom Jardim (povoação), 72
Borborema (serra da), 71
Borda do Campo, 96, 103
Botafogo, 122, 123, 139
Braga (João), 41
Bragança, 68, 131
Branco (rio), 117
Brás (Pe. Afonso), 50, 54
Breves (povoação), 135

Bristol, 142
Brito (Antônio Guedes de), 77
Brunlees, 142
Bueno (Bartolomeu), 89, 103
Bueno (Francisco da Silva), 90
Buenos Aires, 84, 85, 128

C

Cabeça de Vaca, 81
Cabedelo (cidade), 58
Cabedelo (forte de), 59, 71
Cabo Frio, 40, 41, 78, 79, 126
Cabrália (baía), 46
Cabral (Pascoal Moreira), 100
Cabral (Pedro Álvares), 24, 46
Cáceres (Pereira e), 102
Cachoeira (vila de), 77, 97, 110, 142, 144, 148
Caeté (vila de), 92
Cairu (vila de), 78
Calabar, 74
Calabouço (ponta do), 53
Calçada da Estrela, 143
Calógeras (João Pandiá), 89
Camapoã (rio), 100, 101
Camamu (vila de), 77, 78
Câmara (intendente), 127
Cametá (vila de), 68, 117
Caminho Novo, 94, 96-98, 103, 139, 143
Caminho Velho, 96, 97
Camocim (porto de), 48
Campanha (vila de), 94
Campina (bairro da), 116

Campina Grande (cidade de), 71
Campinas, 77, 144
Campo de Sant'Ana, 123
Campos (cidade de), 79, 126
Campos (Antônio Peres de), 100
Cananéia (bacharel), 41
Cananéia (ilha de), 48
Cananéia (vila de), 51, 128
Candido (Antonio), 13
Capanema (Gustavo), 11, 13
Capibaribe (rio), 72, 73
Capivari (arraial de), 88, 143
Cápua, 140
Cara de Cão (morro), 52
Caramuru, 45
Carangola (cidade), 143
Carapebus (lagoa de), 79
Caravelas, 78
Cardim (Pe. Fernão), 34, 35, 56
Cardoso (Pedro Antônio), 133
Carijós (arraial de), 88, 89, 94
Carioca (aguada da), 52
Carioca (aqueduto da), 136
Cariris Novos, 115
Carmo (convento do), 51, 53, 54, 117
Carmo (ribeirão do), 90, 91, 93
Carrancas (povoação), 88
Carreira (povoação), 88
Carvalho (Francisco Coelho de), 66
Carvalho (João Antônio Rodrigues de), 115
Carvalho (padre Antônio Gonçalves), 95

Casa Branca (povoação), 88
Casa da Casca, 89
Casa da Torre, 77
Casa Imperial, 139
Castela, 107, 112
Castelnau (Francis de), 143
Castelo (morro do), 53, 80
Castelo Branco (Francisco Caldeira), 67
Castelo Branco (Rodrigo), 87
Castro (arrabalde de), 128
Cataguazes (cidade de), 143
Catas Altas (povoação), 129, 130
Catete (arrabalde do), 122
Cavalcanti (povoado), 106
Cavendish, 50
Caxias (vila de), 134
Ceará, 48, 63, 64, 72, 115, 117, 133, 145
China, 35
Cidade (bairro da), 116
Cidade Alta, 56, 75
Cidade Baixa, 75
Cidade de Minas, 150
Ciudad-Real, 81
Cocais (povoação), 129, 130
Cochado, 85
Código Comercial, 140
Coelho (Duarte), 44, 45, 57, 74
Coelho (Feliciano), 59
Coelho (Pedro), 63
Coimbra (forte de), 102
Colônia (Brasil), 27, 29, 36, 76, 87, 121, 139

Colônia do Sacramento, 83, 85, 108
Companhia de Jesus, 116, 117
Companhia do Mucuri, 145
Conceição (vila da), 72, 127
Conceição de Angra dos Reis, 80
Constituição (praça da), 139
Corpo Santo (igreja do), 73
Córrego Seco, 96, 139
Correia (Jorge de Figueiredo), 45
Correia (Manuel), 103
Correia (Raimundo), 129, 150
Correias, 96
Costa (Lúcio), 60
Costa Lobo, 28, 35
Cotinguiba (rio), 75
Coutinho (Francisco Pereira), 45, 48, 77
Coutinho (Vasco Fernandes), 46, 78
Coxim (rio), 59, 100
Crixá (povoada), 106
Cubas (Brás), 47, 51, 88, 96
Cuiabá (Vila Real do Bom Jesus de), 100, 101, 103, 105, 107
Cunha (Jacinto Rodrigues da), 112
Curitiba, 82, 83, 108, 127, 128, 148
Curral d'El-Rei, 150

D

Dantas (San Tiago), 13
Derby (O.), 89
Descanso (morro do), 53

Desterro (vila do), 118, 128 148
Diamantina, 99
Dias (Antônio), 90
Dias (Jorge), 61
Dias (Luís), 49
Dirceu, 94
Direita (rua), 123
Distrito Federal, 13, 130
Doce (rio), 89, 131
Dória (Franklin), 145

E

Elisson, 141
El-Rei (Tomé Portes d'), 92
Elvas, 24
Embaú, 88, 96
Encruzilhada, 88
Engenho Velho, 139
Equador (Confederação do), 138
Eschwege, 122, 125, 127, 129
Espanha, 112
Espinhosa, 88
Espírito Santo (baía do), 46
Espírito Santo (capitania do), 46, 54, 78, 89
Espírito Santo (província do), 130, 131, 144
Estados Unidos, 137, 146, 149
Estrela (localidade), 141, 143, 147
Estrela (serra da), 96
Europa, 35, 40, 65, 78, 111, 123, 131, 132, 134, 137, 147, 149
Évora, 24
Evreux (Yves d'), 65

F

Fanado (arraial do), 94
Faria (Octavio de), 12
Faria (padre), 90
Farroupilha (revolução), 138
Federação, 142
Fedorenta (lagoa), 79
Feia (lagoa), 79
Feijó (Diogo Antônio), 140
Ferreira (Sousa), 67
Figueira (Pe. Luís), 64
Filadélfia, 145
Filgueira (Domingos da), 108
Filipe (Luís), 137
Filipéia, 58, 71, 72
Florença, 114
Flores (Diogo), 58
Forquilha (arraial de), 100
Fortaleza, 64, 115
Fortes (Bias), 150
França, 24, 64, 65, 137
Francês (Manuel), 115
Franco (Afonso Arinos de Melo), 9, 10, 12-15
Franco (Virgílio Melo), 11
Frederico, 71
Freyre (Gilberto), 11, 14, 15, 138, 145
Freyre (Gomes), 108, 111, 118
Frias (Francisco de), 66
Friburgo (palácio de), 73
Frobenius (Leo), 13

G

Gama (Basílio da), 31
Gama (Saldanha da), 134
Gama (Vasco da), 32
Gandavo (Pero de Magalhães), 54, 61
Ganns (Cláudio), 146
Garcia (Aleixo), 81
Garcia (Miguel), 90
Garcia (Pericot y), 34
Gardner (George F. L. S.), 130, 139
Garnett, 141
Gato (Manuel de Borba), 87, 89
Gerais, 82, 89, 100, 103, 104
Goiana, 72, 74
Goiás, 68, 82, 103, 104, 106, 107, 129, 130
Góis (Damião de), 32
Góis (Gil de), 78
Góis (Pero de), 46, 47, 51, 78
Gomes (João), 96
Gonçalves (Antônio), 55, 95
Gongo-Soco (povoação), 130
Gonzaga (Tomás Antônio), 104
Goulart (Jorge Salis), 128
Grande (rio), 79, 83, 85, 89, 107, 128
Grande (túnel), 141
Great Western, 149
Guaicuí (rio), 87, 89
Guaíba (rio), 109, 128
Guajará (baía de), 67, 68
Gualaxo do Sul (rio), 90
Guanabara (baía de), 51, 52, 80, 107
Guaporé (rio), 101-103
Guarapari (rio), 78
Guararapes (batalha de), 74
Guaratinguetá, 82, 96, 126, 144
Guaratuba (povoação), 128
Guaxinduba (lugar de), 66
Guiné, 70
Gurupá (vila de), 68, 85, 135
Gurupatuba (rio), 69
Gurupi (vila de), 67, 68

H

Henriville, 52
Heriarte (Maurício de), 66
Hernandez, 111
Holanda, 73
Holanda (Sérgio Buarque de), 11, 13
Humboldt (Alexander von), 136

I

Ibiapaba (serra de), 64
Ibituruna (arraial de), 89
Igaraçu (vila de), 72, 74
Iguaçu (rio), 79
Iguape (povoação), 128
Ilhéus (capitania de), 45, 55, 77, 78

Império, 30, 76, 95, 106, 115, 122, 131, 136, 139, 142-144, 146, 148, 149
Inconfidentes, 150
Independência, 84, 121, 125, 126, 128, 130, 132, 133, 135, 136, 146
Índia, 78
Índia Oriental, 39
Índias, 31, 113
Inglaterra, 25, 121, 137
Inhomim (forte de), 59
Intendência do Ouro (de Vila Boa), 105
Ipanema (vila de), 127
Ipojuca (vila de), 74
Itália, 25
Itamaracá (capitania de), 48, 72
Itamaracá (feitoria de), 42
Itamaracá (ilha de), 48, 72
Itambé (vila de), 127, 129
Itanhaém (povoação), 50, 51
Itapecerica (vila de), 94
Itapemirim (rio), 145
Itapemirim (vila de), 131
Itapicuru (rio), 134
Itatiaia (povoação), 88, 96
Itaverava (serra de), 89
Itu (cidade de), 82
Itu (povoação), 127

J

Jaboatão (Frei Antônio de Santa Maria), 59, 61, 75, 114, 132

Jacareí (vila de), 82, 144
Jacuarari (engenho de), 135
Jacuí (rio), 128
Jaguarão (localidade), 148
Jaguaripe (vila de), 77
Jaques (Cristóvão), 41
Jeremias, 129
Jerez (Santiago de), 81
Jerusalém, 129
João IV (D.), 68
João VI (D.), 101, 121, 122, 127, 131
Juiz de Fora, 96, 142, 143
Jundiaí (vila de), 82

K

Kidder (Daniel P.), 139
Koeller (Júlio Frederico), 139
Koseritz (Karl von), 148, 149
Koster (Henry), 72, 125, 132, 133
Kroeber (A. L.), 13

L

Lafaiete (cidade de), 88, 89, 94
Lages (vila de), 128
Laguna (arraial de), 83, 85
Laguna (vila de), 85, 108, 128
Lamego (Alberto), 47, 79
Lane, 142
Lapa (vila de), 128
Laranjeiras (bairro de), 122, 139
La Ravardière, 65

Laval (Pyrar de), 57
Leitão (família), 79
Leitão (Martins), 58
Leite (Francisco Lobo), 88
Leite (Pe. Serafim), 50, 115, 116
Leme (Domingos da Fonseca), 96
Leme (irmãos), 100
Lemos (Duarte), 46, 54
Leopoldina (cidade de), 143
Leopoldina (estrada de ferro), 142
Léry (Jean de), 52
Liberdade (praça da), 150
Lima (Alceu Amoroso Lima), 12
Lima (Bento Lourenço e), 131
Limoeiro (localidade), 72
Lins (Cristóvão), 58, 74
Lisboa, 24, 29, 33, 42, 47, 84, 115, 124
Lisboa (Silva), 121
Lobo (Manuel), 84
Londres, 24, 147
Lorena (povoação), 144
Lorena (Bernardo José de), 94
Loreto (Barão de), 145
Luccock (John), 125, 129
Luís (Sebastião), 57

M

Macacos (rio dos), 79
Macaé (arraial de), 79, 126
Maçaió (vila de), 75
Macau (salinas de), 70
Maceió (vila de), 75
Machado (Alcântara), 15

Maciel (Antunes), 100
Madalena (vila de), 74
Madeira (rio), 103, 136, 146
Madri, 84
Magalhães (Fernão de), 41
Magalhães (João), 108, 109
Maldonado (Miguel Aires), 79
Malgarejo (capitão), 81
Mamoré (rio), 102
Manaus, 69, 136, 147
Manchester, 140
Mangue-La-Botte, 57, 76
Manhuaçu (cidade de), 143
Manhumirim (cidade de), 143
Maniçoba, 49, 50
Manoir, 65
Mantiqueira (serra da), 88, 96
Manuel (D.), 27, 84
Mar (serra do), 107, 128
Marabitanas, 117
Maracanã (aqueduto de), 136
Marajó (ilha de), 117
Maranhão, 59, 64-70, 116, 117, 134, 135, 138, 145
Mariana, 90, 91, 93
Marlière (Guido Tomás de), 131
Martius (C. F. P. von), 122-125, 135, 146, 147
Mascarenhas (D. Luís), 104
Mascarenhas (Manuel), 59
Mata (zona da), 143
Matacavalos (rua de), 123
Mata-Porcos (localidade), 122
Mato Grosso, 82, 95, 100-104, 107, 129, 136

Matos (Cunha), 104
Mauá (Barão de), 141, 146
Mawe (John), 121, 125, 127, 129
Médicis (Maria de), 65
Megaipe (casa-grande de), 36
Meia Ponte (arraial de), 105, 106
Melgaço (Barão de), 100
Mendonça (Bento Furtado de), 87
Mendonça (Salvador Furtado de), 90
Meneses (Diogo de), 70, 76
Meneses (D. Luís da Cunha), 104
Meneses (D. Rodrigo), 100
Meneses (Vasco César de), 94
Mercadores (ruas dos), 56
Mercês (convento das), 117
Métraux (Alfred), 34
México, 34
Midas, 90
Minas Gerais, 77, 87, 88, 90, 92, 93, 95-97, 99, 102-105, 115, 118, 122, 126, 127, 129, 130-132, 138, 140, 142-144, 150
Minas Novas do Fanado, 94, 131
Minésio (Fanfarrão), 104
Miranda (presídio de), 102
Mirim (lagoa), 107
Misericórdia (da Paraíba), 71
Misericórdia (do Rio de Janeiro), 54
Misericórdia (rua da), 80
Missões Jesuíticas do Uruguai, 110-113

Mitra (do Maranhão), 116
Mocha (vila de), 134
Mogi das Cruzes (vila de), 82
Monte Alegre (vila de), 69
Monte Alegre (Visconde de), 146
Monteiro (Rego), 84
Montenegro (localidade), 147
Montes (Enrique), 41
Montigny (Grandjean de), 123, 124
Morais (Castro), 97
Morais (Francisco de), 50
Moreno (Martins Soares), 64
Morretes (vila de), 128
Moritzstadt, 73
Morro do Pilar (arraial de), 127
Morro Velho (arraial de), 130
Morus (Tomás), 41
Mostardas (povoação), 110
Moura (Alexandre de), 66
Moura (D. Antônio Rolim de), 101, 103
Moura (Diogo de), 54
Moura (Filipe de), 58
Mucuri (rio), 131, 144
Mundo Novo (localidade), 147
Muriaé (cidade de), 143
Muribeca (vila de), 74

N

Napo (rio), 85, 86
Napoleão, 137
Nassau (Maurício de), 73, 75
Natal, 60, 69, 70, 133

Natividade de Nossa Senhora (forte da), 66
Negro (rio), 117, 136
Neuwied (Maximiliano de), 122, 125
Niterói, 80, 139
Nóbrega (Pe. Manuel da), 49, 50, 56
Normano (F. F.), 10
Norte de São Paulo (estrada de ferro), 142
Nossa Senhora da Conceição (bairro de), 134
Nossa Senhora da Luz (igreja de), 67
Nossa Senhora da Piedade (vila de), 92
Nossa Senhora da Vitória (igreja de), 66
Nossa Senhora de Oliveira da Vacaria (freguesia de), 110
Nossa Senhora do Bom Sucesso (vila de), 94
Nova (rua), 59
Nova Coimbra (fortim de), 102
Nova Colônia, 84, 85
Nova Friburgo, 143
Novo Hamburgo, 148
Nova Iorque, 149

O

Óbidos (povoação), 136
Ocidente, 137
Oeiras (distrito de), 133, 134
Olinda, 44, 45, 57, 58, 72-74, 114
Oliveira (João Fernandes de), 99
Orange (Frederico de), 71
Orellana, 85
Órgãos (serra dos), 141
Otoni (Cristiano), 141
Otoni (Teófilo), 144, 145
Ouro Branco (arraial de), 88, 96
Ouro Preto, 90, 91, 104, 129, 142
Oviedo, 34

P

Padre José (caminho do), 61
Pageú (rio), 72
Pais (Fernão Dias), 89, 91, 96
Pais (Garcia Rodrigues), 96, 98
Pais (Silva), 108
Palácio, 91
Palmares (quilombo dos), 32, 33
Palmeiras (ilha das), 51
Pão de Açúcar (morro do), 52
Pará, 67-69, 85, 86, 102, 116, 117, 135, 136
Paracatu (vila de), 94, 103, 129
Paraguai (país), 81, 83, 100
Paraguai (rio), 102, 103
Paraí (rio), 79
Paraíba (capitania), 59
Paraíba (cidade de), 58, 59, 61, 70, 71
Paraíba (registro do), 97
Paraíba (rio), 47, 58, 79, 138
Paraíba do Sul (capitania), 78

Paraíba do Sul (localidade), 143
Paraibuna (rio), 143
Paraná (estado do), 82, 108, 127, 148
Paraná (rio), 89, 100, 107
Paranaguá (porto de), 148
Paranaguá (vila de), 82, 83, 128
Paranaíba (rio), 106, 107
Paranapiacaba (serra da), 61
Paraopeba (rio), 89
Parati (caminho de), 96, 97
Parati (vila de), 80, 126
Pardo (rio), 100, 109, 147
Parecis (serra dos), 101
Parente (Bento Maciel), 67
Parnaíba (povoação), 82, 127, 134
Passo do Fandango (povoação), 110
Passo Fundo (localidade), 147
Passa Quatro (povoação), 88
Paru (rio), 68
Patos (lagoa), 107, 108, 110, 128
Patos (porto dos), 41
Pedras (aldeia das), 106
Pedro I (D.), 136
Pedro II (estrada de ferro), 142
Pedro II (D.), 137
Peixoto (Brito), 85, 108
Pelotas (rio), 110, 148
Pena Júnior (Afonso), 13
Penedo (povoação), 75
Pereira (Cristóvão), 108
Pereira (Simão), 96, 143
Pereira (povoação), 45, 77

Pernambuco (capitania de), 44, 45, 48, 57-59, 62, 69, 72, 74, 75, 114, 115, 132, 133
Pernambuco (estado de), 58, 59, 62, 69, 74, 115, 132, 145
Pernambuco (feitoria de), 40, 41
Pernambuco (província de), 138, 145
Peru, 34, 76, 77, 146
Petrópolis, 96, 139, 141-143, 149
Piabanhas (lagoa das), 79
Piancó (povoação), 72
Piancó (rio), 72
Piauí (capitania do), 64, 77, 116, 130, 133, 134
Piauí (província do), 132
Pilar (cidade do), 71, 96
Pilões (povoação), 107
Pina (Rui de), 24
Pindamonhangaba, 90, 96, 144
Pinto (Pe. Francisco), 64
Pinto (Irineu), 59, 71
Piraí (vila de), 143
Piramopama (córrego), 75
Piranhas (povoação), 72
Piratininga (casa de), 49, 50
Piratininga (rio), 42
Piratininga (vila de), 82
Pirinópolis, 105
Pita (Sebastião da Rocha), 113
Pitangui (arraial de), 92
Pohl (Johan Emanuel), 105, 125, 129
Pomba (vila de), 143

Pombal (povoação), 72
Ponta do Morro (arraial de), 88, 92
Pontal (povoação), 106
Ponte Vecchio, 114
Portalegre (cidade), 24
Porto (Aurélio), 147
Porto (cidade do), 29
Porto Alegre (vila de), 108-110, 128, 147
Porto Calvo (vila de), 74
Porto de Estréia (povoação), 141
Porto dos Casais (povoação), 108, 109
Porto Feliz (povoação), 100, 127
Porto Imperial (povoação), 106
Porto Nacional (povoação), 106
Porto Real (povoação), 106
Porto Seguro (capitania de), 45, 46, 55, 78
Portugal, 23, 25-27, 29, 30, 35, 36, 49, 50, 84, 86, 107, 112, 134
Potengi (rio), 70
Pouso Alegre (arraial de), 101
Pouso Alto (povoação), 88, 90
Prado Júnior (Caio), 10, 11
Prados (cidade de), 88
Praia Grande (bairro da), 80, 134
Prata (rio da), 83, 107, 113
Presépio de Belém (forte do), 67
Preto (rio), 143
Príncipe da Beira (forte do), 36, 102
Procópio (Mariano), 142, 143

Províncias Unidas do Rio da Prata, 113
Puxim (rio), 59, 75

Q

Queluz (vila de), 94

R

Raiz da Serra de Petrópolis, 141
Ramalho (João), 41
Ramos (Artur), 14, 32
Ramos (Guerreiro), 11, 12
Raposos (povoação), 88
Rasily, 65
Real (rio), 59
Rebelo (Silvestre), 146
Rebouças (André), 148
Recife, 29, 58, 72-74, 114, 132, 145
Recôncavo da Bahia, 56, 77, 113, 132
Reis (Artur César Ferreira), 9, 21, 69, 118, 146
Reis Magos (forte dos), 60, 69, 70
Reritiba (aldeia de), 55
Reritiba (vila de), 130
Resende (povoação), 126, 143
Ribeira dos Pescadores, 61
Ribeirão do Carmo (vila de), 90-93
Ribeyrolles (Charles), 140
Ricardo (Cassiano), 11
Rio Acima (povoação), 88

Rio Branco (barão de), 61, 68
Rio Branco (cidade de), 143
Rio das Contas (vila de), 78
Rio das Mortes (arraial do), 88
Rio das Pedras (arraial de), 88
Rio de Janeiro (capitania do), 48, 78, 84, 96, 97, 102, 106, 107, 125, 126, 129, 130
Rio de Janeiro (baía do), 51
Rio de Janeiro (cidade do), 53, 79, 80, 96, 97, 102, 103, 107, 114, 118, 121-125, 131, 138-140, 145, 149
Rio de Janeiro (estado do), 130
Rio de Janeiro (feitoria do), 41
Rio de Janeiro (província do), 92, 142-144
Rio Grande (localidade mineira), 60, 148
Rio Grande (vila do), 109
Rio Grande de São Pedro (canal), 107, 108
Rio Grande do Norte, 59, 63, 69, 70, 72, 83, 85, 88, 128, 133
Rio Grande do Sul (capitania do), 110, 127, 129, 133, 147
Rio Grande do Sul (província do), 107, 140
Rio Marajó (povoação), 135
Rio Negro (comarca do), 136
Rio Negro (forte do), 69
Rio Novo, 143
Rio Pardo (povoação), 100, 109, 147

Rivera (Frutuoso), 113
Rodrigues (Antônio), 41, 89
Rodrigues (Jacinto), 112, 113
Rodrigues (Nina), 14, 32
Roma, 29, 35
Romero (Francisco), 46
Rosário (capela do), 91
Rugendas (João Maurício), 129
Russell (John), 149

S

Sá (Correia de), 79
Sá (Estácio de), 52
Sá (Martim de), 79
Sá (Mem de), 51-54, 61, 88
Sá (Salvador Correia de), 79
Sabará (vila de), 88, 89, 92, 97, 150
Sabarabuçu, 89, 96
Sabinada (revolução), 131, 138
Saint-Hilaire (Auguste de), 31, 105, 106, 112, 125, 126, 129
Salgado (Plínio), 11
Salvador (cidade do), 61
Salvador (Frei Vicente do), 39, 43, 47, 52, 72, 76
Sampères (Gaspar de), 60
Santa Rosa (Vírginio), 11
Sant'Ana (arraial de), 104, 106
Sant'Ana (campo de), 123, 137
Sant'Ana (terra de), 48
Sant'Ana da Chapada (igreja de), 101

Sant'Ana do Paraopeba
  (arraial de), 89
Santa Catarina
  (capitania de), 108, 128
Santa Catarina (ilha de), 85,
  119, 128
Santa Catarina (província de), 81,
  82, 110, 128, 148
Santa Cruz (arrabalde do Rio de
  Janeiro), 122, 139
Santa Cruz (localidade do Rio
  Grande do Sul), 148
Santa Cruz (vila de), 46
Santa Luzia (povoação de Minas
  Gerais), 56
Santa Luzia (vila de Alagoas), 74,
  88
Santa Luzia de Goiás
  (arraial de), 105, 106
Santa Maria (forte de), 66
Santa Maria da Boca do
  Monte, 147
Santarém (vila de), 135, 136
Santa Rita (povoação), 88
Santo Agostinho (cabo de), 74
Santo André (povoação), 43, 50
Santo Amaro (capitania de), 47,
  48
Santo Amaro (povoação do Rio
  Grande do Sul), 109
Santo Amaro (vila de), 46
Santo Ângelo (povo de), 110, 111
Santo Antônio (cabo de), 74
Santo Antônio (convento de), 117
Santo Antônio (morro de), 80
Santo Antônio (rio), 77
Santa Antônio
  (vila da Bahia), 77, 97
Santo Antônio (vila de
  Pernambuco), 74, 115, 132
Santa Antônio da Patrulha
  (registro de), 109
Santo Antônio de Alcântara
  (vila de), 67
Santo Inácio (filhos de), 59
Santos (porto de), 43, 47, 50,
  128, 142
Santos (vila de), 50, 51, 88,
  102, 108
Santos (Francisco Agenor de
  Noronha), 139
Santos (Joaquim Felício dos), 99
Santos (Lúcio José dos), 88
Santos Dumont (cidade de), 96
São Bento (abade de), 51, 79
São Bento (morro de), 80
São Bento do Tamanduá
  (vila de), 94
São Cristóvão (bairro do Rio de
  Janeiro), 122, 123, 139
São Cristóvão (povoação de
  Sergipe), 59, 75
São Felipe (fortaleza de), 66
São Francisco (convento de), 82
São Francisco (rio), 88, 89, 107
São Francisco (vila de), 72, 77, 83
São Francisco de Assis
  (igreja de), 65

São Francisco de Borja (povo de), 110
São Francisco do Sul (vila de), 128
São Francisco Xavier (arraial de), 101
São Gabriel (casa forte de), 117
São Januário (morro de), 53
São João Batista (capela de), 80
São João Batista (povo de), 110
São João da Barra (vila de), 79
São João das Duas Barras (registro de), 106
São João D'El-Rei (cidade de), 89
São João D'El-Rei (vila de), 88, 92, 93, 103
São João Marcos (povoação), 143
São João Nepomuceno (povoação), 144
São Joaquim (casa forte de), 117
São Jorge (vila de), 46, 77
São José (vila de), 92
São José do Barreiro (povoação), 144
São José dos Campos (povoação), 126
São José dos Ilhéus (vila de), 55
São Leopoldo (localidade), 147
São Lourenço (cidade de), 148
São Lourenço (povo de), 110, 111, 148
São Luís (cidade de), 67, 117, 134, 135
São Luís (forte de), 66, 67
São Luís Gonzaga (povo de), 110
São Luís Gonzaga (igreja de), 112
São Miguel (igreja de), 112
São Miguel (povo de), 110, 111
São Nicolau (povo de), 110
São Paulo (arraial de), 100
São Paulo (capitania de), 108, 126
São Paulo (cidade de), 50, 87, 96, 100, 126, 140, 142, 144
São Paulo (conversão de), 49
São Paulo (estado de), 82, 92, 95, 100, 104, 105, 118, 119, 127, 128, 138, 142, 144, 148, 149
São Paulo (província de), 138, 139, 143, 148
São Paulo (vila de), 51
São Paulo de Piratininga (casa de), 50
São Paulo Railway, 142
São Pedro (continente de), 108
São Pedro (igreja de), 56
São Salvador (vila de), 79
São Sebastião (cidade de), 52, 118
São Sebastião (morro de), 53
São Sebastião (vila de São Paulo), 82
São Sebastião do Caí (localidade), 147
São Tomé (capitania de), 46-47
São Vicente (capitania de), 43, 47-50, 81
São Vicente (feitoria de), 40

São Vicente (ilha de), 43, 49, 50
São Vicente (vila de), 42-45, 47, 50, 51, 61, 69, 92, 107
Saquarema (lagoa), 79
Schmiedel (Ulrich), 81
Sé (morro da), 53, 56
Sengó (povoação), 88
Sepetiba (Visconde de), 143
Sergipe (estado de), 59, 75
Sergipe (ilha de), 51
Sergipe (rio), 59
Serinhaém (rio), 74
Serinhaém (vila de), 74
Sete Povos das Missões, 110, 112
Setúbal, 24
Silva (padre), 104, 105, 107
Silva (Pascoal da), 90
Silva (Paulo Barbosa da), 139
Silveira (Brás Baltasar da), 92
Silveira (Carlos Pedroso da), 90
Silveira (Duarte Gomes da), 61, 71
Simão (padre), 77
Simonsen (Roberto), 10
Siqueira (Bartolomeu Bueno), 89
Smith (Adam), 121
Soares (Gaspar), 34, 127
Soares (João de Teixeira), 148
Solimões (rio), 118
Sorocaba (vila de), 82, 127
Sousa (Aureliano de), 143
Sousa (D. Francisca de), 76
Sousa (Gabriel Soares de), 55-57, 77
Sousa (Martim Afonso de), 41-44, 47, 50, 60, 83, 107
Sousa (Pero Lopes de), 41, 42, 47, 48, 83, 107
Sousa (Silva e), 104, 105, 107
Sousa (Tomé de), 45, 48, 49, 56
Southampton, 149
Southey (Roberto), 31, 89
Spengler (Oswald), 13, 14
Spix (J. B. von), 122-125
Staden (Hans), 45
Strangford, 123
Studart (Barão Guilherme de), 116
Sumidouro (arraial do), 89, 91
Sutil (Miguel), 100

T

Tabatinga (casa forte), 117
Tapajós (rio), 103, 135, 136
Taparica, 45
Tapuitapera (vila de), 67
Taquari (localidade), 100
Taquari (rio), 147
Taubaté (vila de), 82, 88-90, 96, 126, 144
Taunay (Afonso de E.), 10, 15, 27, 89, 140, 141, 143
Tavares (João), 58

Tefé (vila de), 147
Teixeira (Pedro), 85, 86
Tejo (rio), 42
Teófilo Otoni (cidade de), 144, 145
Teriot (navio), 149
Terreiro de Jesus, 56
Teutônia (localidade), 147
Thevet (André), 52
Tietê (rio), 100
Tijuco (arraial do), 99, 129
Tiradentes (cidade de), 88
Tocantins (rio), 68, 106, 146
Todos os Santos (Casa da Misericórdia), 47
Tollenare (L. F.), 125
Tordesilhas (Tratado de), 84
Tourinho (Pero de Campos), 46
Trindade (Ilha da), 65
Tripuí (ribeirão do), 90
Triunfo (localidade), 148

U

Ubá (vila de), 143
Ubatuba (vila de), 82
Umbuseiro (cidade de), 72
Una (rio), 74
Una (vila de), 74
União e Indústria (estrada de rodagem), 142
Ursua (Pedro de), 85

Uruguai (país), 113
Uruguai (rio), 83, 107, 110

V

Vacaria (povoação), 108, 110
Vacas (ilha das), 65
Valença (povoação), 126, 143
Valois, 42
Varadouro (aqueduto do), 114, 115
Varadouro (ponte do), 132
Vargas (Getúlio), 11
Varnhagen (Francisco Adolfo), 127
Vasa Barris (rio), 75
Vasconcelos (D. Luís), 76, 118
Vasconcelos (Salomão de), 91
Vasqueanes (família), 79
Vassouras (localidade), 143
Vauban, 102
Vauthier (Luís L.), 138
Vaz (Antônio), 73
Veiga (Xavier da), 95, 96
Velhas (rio das) (afluente do Paranaíba), 89, 92, 96, 106
Velhas (rio das) (afluente do São Francisco), 89
Velho Mundo, 29, 124
Vermelha (lagoa), 79
Vermelho (rio), 57, 105
Vespúcio (Américo), 41, 79

Viamão (freguesia do), 109
Viamão (lagoa do), 109
Viamão (povoação), 108, 109
Viana (Oliveira), 143
Viçosa (vila do Ceará), 116
Viçosa (povoação de
    Minas Gerais), 143
Vigia (vila de), 68, 117
Vila Bela, 101, 103
Vila Boa de Goiás, 103
Vila da Rainha, 47
Vila do Príncipe, 92, 94, 98, 127
Vilanova (povoado), 75
Vila Nova da Rainha, 92, 136
Vila Pobre, 129
Vila Rica (Minas Gerais), 36,
    67, 150
Vila Rica (povoação do Guairá),
    81, 91-94, 96, 127, 129
Vila Velha (na Bahia), 45, 46, 48
Vila Velha (no Espírito Santo),
    54, 77, 130
Villegaignon, 51, 52
Vitória (arraial da), 54
Vitória (ilha de), 54
Vitória (vila de), 46, 54, 78, 130

W

Walsh (Rev.), 123, 124

X

Xingu (rio), 68, 69, 86

Impresso nas oficinas da
SERMOGRAF - ARTES GRÁFICAS E EDITORA LTDA.
Rua São Sebastião, 199 - Petrópolis - RJ
Tel.: (24)2237-3769